EL EMPRENDEDOR QUE NUNCA EMPRENDIÓ

www.santiagoricci.com

EL EMPREDEDOR QUE NUNCA EMPRENDIO

Copyright ©2020 Santiago Ricci
www.santiagoricci.com
Autor: Santiago Ricci

Reservado todos los derechos. Ninguna parte de esta publicación puede ser reproducida, distribuida o trasmitida por ninguna forma o medio, incluyendo: fotocopiado, grabación o cualquier otro método electrónico o mecánico, sin la autorización sin la autorización previa por escrito del autor o editor, excepto en el caso de breves reseñas utilizadas en criticas literarias y ciertos usos no comerciales dispuesto por la Ley de Derechos de Autor.

Segunda edición publicada en 2020
Plataforma de publicación independiente
ISBN: 9788409221783
Impreso por Amazon, Inc.

DEDICATORIA

A todos aquellos emprendedores que luchan
cada día por superar los obstáculos en el camino hacia sus sueños y se dedican a lograr lo
imposible para aportar de su esencia y dejar
una huella permanente en el mundo.

Santiago Ricci

CONTENIDO

PRÓLOGO	1
EL DON	5
PRIMERA OPORTUNIDAD	11
ETAPA FORMATIVA	25
SEGUNDA OPORTUNIDAD	33
POR DONDE EMPEZAR	39
CREAR UNA WEB	44
SIGUIENTE PASO: EL TRABAJO	52
SEA COMO SEA, AVANZAR	63
LA CABRA TIRA PARA EL MONTE	84
CAMBIO DE PLANES	105
DOS AÑOS PASAN PRONTO	119
LA LUDOTECA	131
LA GESTORÍA	148
MIRIAM	158
A VECES, RESULTA SER MUY TARDE	169

PRÓLOGO

Mi idea principal al crear este relato no fue otra más que la de liberar una vocación natural de escritor y contador de historias; que unida a todos los conocimientos y experiencias adquiridos en mi caminar como emprendedor, debía dejar plasmada en una narración que acercara a mis lectores hacia una historia que creo coherente, inexplorada y realista.

José Andrés, el joven protagonista de esta historia, parece tener todo a su favor para cumplir el gran sueño que lo persigue desde chico. Crear una empresa es lo que siempre ha deseado y sus habilidades únicas aumentan las probabilidades de alcanzar un éxito monumental. Pero dentro de él, habita el inefable miedo al fracaso; un temor que le hace retroceder, tropezar cientos de veces y lo empuja a la inconsistencia y la inestabilidad. Esta es una lucha común, que podría pasarle a cualquier emprendedor.

En este relato, se muestra como un hombre con ideas claras sobre si mismo y lo que quiere para su vida, puede fracasar estrepitosamente en sus intentos de emprendimiento;

sin más obstáculo que sus propias inseguridades y excusas. Y esta es una realidad que puede alcanzar a cualquiera de nosotros y que, en vez de llenarnos de incertidumbre, nos debe determinar a nunca rendirnos e intentar sin cansancio, alcanzar los sueños empresariales que perseguimos con tanto ahínco.

La historia de José Andrés es la que nunca se ha escrito sobre todos aquellos emprendedores que, pudiendo alcanzar logros inimaginables, se dejaron vencer por sus miedos. Su vida y sus proyectos enseñaran a todos los lectores lo que hay detrás de una empresa; dándoles útiles gotas de conocimiento para que todo futuro empresario sepa a lo que tendrá que enfrentar y como vencer a los gigantes contra los que tendrá que luchar, que tan solo serán molinos de viento inofensivos para aquel que tenga fuerza y confianza en sí mismo.

Es un relato que habla de la necesidad que tenemos como seres sociales de conservar un lugar en el mundo, a la par en la que perseguimos los deseos que vienen adheridos a nuestro ser; tratando de alcanzar el equilibrio entre ambos pilares y llevar una vida coherente con uno mismo y lo que nos rodea; lo que a veces no podemos lograr, pues resulta difícil que el deseo y la realidad se pongan de acuerdo.

Aunque el título de *El Emprendedor que Nunca Emprendió* ya nos previene sobre el

EL EMPRENDEDOR QUE NUNCA EMPRENDIÓ

desenlace de la historia, acompañar en su camino a José Andrés, una persona muy parecida a nosotros nos hará desear que el final sea más brillante para él. El interés por lograr su gran objetivo que es tener su propia empresa se encontrará en enfrentamiento constante con su procrastinación, sus excusas, su dispersión e incluso, muchas veces, con su cobardía.

Este libro, en definitiva, señala una gran verdad sobre cualquier emprendedor. Y es que, si se lleva dentro el deseo natural de crear un negocio que se sustente con esfuerzo y sin ningún tipo de intervención o dependencia externa, esta necesidad nunca nos abandonará. Se estará destinado a lograrlo o condenado a estar insatisfecho toda la vida, perdiendo con el tiempo, las oportunidades de alcanzar nuestros más grandes sueños.

EL EMPRENDEDOR QUE NUNCA EMPRENDIÓ

1

EL DON

José Andrés entendió desde su más tierna edad que había sido tocado por la mano de Dios. Que había recibido un "Don" por el que tarde o temprano sería reconocido mundialmente. Desde que tenía memoria, ya podía distinguir fácilmente entre sus compañeros a quienes tendrían un futuro prometedor o a aquellos que caerían presos de las drogas. Quién terminaría una prometedora carrera hasta alcanzar el doctorado o quién sería carne de bar y empleado mal pagado. Una virtud que en aquellos días, sólo le servía como un entretenimiento imaginativo y que ahora, en la madurez, la recordaba y se enorgullecía por ella.

Ahora seguía aprovechándola a su modo y de forma más perfecta. Con su "Don" agudizado, podía ver también el futuro en los negocios que visitaba y las empresas con las que se relacionaba. Caminando con cierta superioridad por las calles, entraba en los establecimientos comerciales a pie de calle y en oficinas de todo tipo, solo para observar y alimentar su ego de estadista. Hacía preguntas a los dependientes o encargados; y si hacía falta, se imbuía en su disfraz de espía, llegando hasta las más altas instancias para recabar datos internos. Conseguía reunirse con asesores y consejeros, e incluso con directivos y propietarios en su pasión por conocer los entresijos de la gestión de un negocio o firma específica.

Y es que José Andrés sabía percibir exactamente dónde se encontraba el quid de la cuestión en todo negocio que observaba. Al igual que ocurría en su niñez, reconocía inmediatamente qué proyecto funcionaría y cuáles estaban irremediablemente destinados al fracaso. Como proveniente de una inspiración divina, podía prever cuánto tiempo seguiría funcionando una compañía determinada, la fecha en que comenzaría su decadencia y cuándo terminaría por cerrar. En algunas ocasiones, cuando no lo tenía muy claro o necesitaba recoger más información, no dudaba en hacerse pasar por cliente y llegar a los estados más altos de la organización.

Al pasar el tiempo, comprobaba sus aciertos. Lo que le había parecido una buena idea, triunfaba comercialmente, y aquello que él suponía como un plan mediocre, no salía del agujero que la inversión producía en los emprendedores con visión limitada o poco preparados en el ámbito.

Con ojo crítico, analizaba cada detalle por insignificante que pudiese parecer a cualquier neófito en estas lides; pero que para él, eran como bolas de cristal mostrándole un futuro claro y definitivo. Desde que descubría un proyecto, su fino olfato le llevaba a calcular las posibilidades de supervivencia que este tendría, llevándolo rápida y directamente a un análisis exhaustivo en su calculadora mente; donde cada elemento por separado, cobraba la máxima importancia.

En las cenas que compartía con Miriam, su pareja, se sentaba a la mesa del restaurante para comentar a su abstraída mujer, sobre uno u otro camarero que debía ser despedido o premiado; si la presentación de los platos era correcta o deficiente; si la decoración o la ambientación se ajustaba a la calidad del servicio y al confort de sus clientes. En definitiva, determinaba durante la cita, si el establecimiento cumplía con los requisitos mínimos para que el negocio prosiguiera su rumbo comercial con éxito o si iba de camino a una derrota inevitable. Si se daba lo segundo, inmediatamente le asignaba una fecha de cierre.

En sus salidas a comprar zapatos y ropa de temporada, parecía flotar entre los pantalones, camisas y chaquetas de piel colgadas en perchas. Imaginaba como los zapatos y maniquíes expuestos en estantes se alegraban de su presencia, mientras algunos clientes se asustaban al contemplar su seguridad arrolladora. Preguntaba a los vendedores asuntos de "poca trascendencia" como un cliente más, mientras su mujer realizaba las compras.

Sacaba conclusiones y entendía por qué las grandes marcas comerciales no podían dejar de vender, obteniendo suculentos beneficios año tras año mientras que las pequeñas empresas textiles de barrio tenían cuesta arriba tan solo culminar el siguiente periodo fiscal y mantenerse activos un par de meses más.

Día tras día, mes tras mes, apuntaba en una pequeña libreta marrón todas sus conclusiones; lo nuevo que aprendía y lo que ya sabía, corroborándolo con la experiencia. Ese era su librito especial; el que contendría las bases del futuro negocio que con toda seguridad abriría algún día, pues José Andrés era ante todo un emprendedor. Todos los datos que recolectaba y ese Don del que estaba muy consciente, estaban destinados a un único objetivo: crear su empresa propia. Una compañía que sería una revolución comercial, alcanzando altas cotas de beneficios y lograría cimentar en poco tiempo, una cadena de franquicias que recorrería e implantaría en todo el estado, y ¿por

EL EMPRENDEDOR QUE NUNCA EMPRENDIÓ

qué no?, en las grandes capitales del mundo; París, Londres, Tokio, New York...

EL EMPRENDEDOR QUE NUNCA EMPRENDIÓ

2
PRIMERA OPORTUNIDAD

La primera oportunidad se presentó ante José Andrés a la edad de veintisiete años recién cumplidos; en el momento en que ya se sentía cansado de trabajar en una fábrica en la que entró y salió cada día, durante los últimos siete años. Un empleo al uso, de carga y descarga, cuyo momento especial era encargarse de alguna máquina de producción. Embalar, limpiar... Era un oficio para el que no se necesita titulación, experiencia o alguna capacidad extraordinaria que cualquiera podría realizar, a menos que sufriese de alguna minusvalía.

Desempeñó este trabajo desde que dejó el instituto —tras repetir segundo y después tercero— hasta el momento; cumpliendo bajas, vacaciones de verano, de Navidad y de Semana Santa, siempre con la promesa de un puesto fijo. Siempre con la respuesta: «después de esta baja, te pasaremos a plantilla». Promesas que nunca llegaron a materializarse y por las que había sentido muy poco interés. No podía culpar al encargado de Recursos Humanos, ni al director o siquiera a su jefe de grupo porque no le dieran finalmente ese puesto; pues en realidad, ni el mismo había luchado lo suficiente. De hecho, no había movido un solo dedo por asegurarse un contrato indefinido en aquella empresa.

En su mente siempre habitaba la idea de trabajar para sí mismo y ser independiente; desarrollando su alto flujo de ideas propias, mientras disfrutaba la plena libertad de equivocarse sin rendir cuentas a nadie, pedir perdón o sentir vergüenza. Pero sobre todo, no quería tener que obedecer a nadie, lo que le costaba un esfuerzo tremendo. No era solo la obediencia ciega lo que le molestaba —aunque tampoco estaba de acuerdo con ella—, sino que también se sentía menospreciado y veía que podía ser más útil en otro puesto. O porque simplemente, el líder de equipo se equivocaba en su decisión, pues cualquier otro compañero podría realizar su labor mucho mejor que él mismo. En definitiva, en pocas ocasiones estaba de acuerdo con la organización de sus jefes.

En este y todos los empleos anteriores que había ejercido —la tienda de comestibles del vecindario, el pequeño taller de bicicletas del padre de su amigo Jaime, o la temporada que

EL EMPRENDEDOR QUE NUNCA EMPRENDIÓ

pasó como carretillero en la fábrica de botellas— no se había ilusionado en lo más mínimo acerca de la posibilidad de un contrato fijo. Esa firma por la que todos sus compañeros, amigos y familia suspiraban, como si de un amor platónico e inalcanzable se tratara. Siempre con la mente puesta en negocios nuevos para crear, ideas que desarrollar o proyectos para llevar a cabo, no centraba su mirada en las ventajas de un empleo estable y duradero dentro de una fábrica en absoluto. Antes, al contrario, le aburría y temía que el tan anhelado sueño de todos —pero no de él— llegara a cumplirse. Tenía pesadillas sobre el día en que tuviese que plasmar su firma de forma obligatoria en aquel papel, que para José Andrés, era igual que una pena de cárcel que tendría que aceptar sin chistar, porque es «lo que se supone que debía hacer». Sentiría la mirada inquisitiva de cada uno de sus seres queridos y las sonrisas socarronas e hipócritas de compañeros envidiosos; mientras que su frente se le coronaría con perlas de sudor frío cuando su mano temblorosa esté a punto de firmar su aceptación de por vida a la cadena perpetua de un empleo fijo. Y tan sólo por el qué dirán o por no poder perder este tipo de oportunidades.

Afortunadamente, este temido momento nunca salió de su imaginación. En cambio, si

EL EMPRENDEDOR QUE NUNCA EMPRENDIÓ

llegó su primera oportunidad para cumplir sus sueños de joven emprendedor. Fue el mismo Jaime —hijo del mecánico de bicicletas y compañero de parrandas, borracheras y golferías inocentes, propias de la edad—, quien le había hablado sobre el inesperado cierre de un bar donde cada noche, comenzaba la gira nocturna de copas y bailes. Los propietarios se irían al norte: alguna herencia por allí o algunas deudas por allá... No lo tenía muy claro. Lo más importante era que deseaban traspasar el bar tal y como estaba; con todo el mobiliario del negocio montado y con un muy buen precio, por las prisas de dejar la ciudad.

Y José Andrés sin poder evitarlo, puso toda su maquinaria mental a pleno rendimiento. Esa misma tarde ya estaba de pie al frente del bar, mientras procesaba, mascullaba y fantaseaba, todo un mundo de posibilidades.

El local era un poco antiguo, quizás de finales de los ochenta. Estaba bien situado y muy cerca de la zona de marcha de la ciudad. Como Jaime le había comentado, tenía todo instalado; solo sería necesario entrar y ponerse a trabajar. La clientela estaba asegurada y con poca inversión, podrían realizarse cambios que le darían un aire moderno; más enfocado al cubata y menos al vino y al carajillo que producen pocos beneficios.

EL EMPRENDEDOR QUE NUNCA EMPRENDIÓ

El bar poseía indiscutibles fórmulas de mejora, entre las que se incluirían coger un poco de acerado para colocar veladores, ganándole unos metros de exterior; tan útiles en verano y beneficiosos para fomentar la visibilidad de los transeúntes. Tenía una pared justo frente a la barra, estupenda para colocar un televisor, donde podría proyectar eventos deportivos. Incluso, se podría habilitar una zona reservada para las parejas que quisieran un poco de intimidad.

Tenía una cocina de buen tamaño, un par de calientaplatos, frigoríficos y una mesa caliente: lo que significaba que las tapas y platos que servían, habían sido preparados en casa. Esto también le gustó. Si preparaba algo, sería enfocado a la juventud, a gente de su edad. Muchas bebidas y poca comida. Si las ofreciera. Serían industriales: pizzas congeladas y platos precocidos, evitando los productos perecederos o recetas que tuviesen una complicada preparación. Esos eran jaleos en los que no quería verse involucrado. Quería dinero rápido y fácil; y para eso, las noches con ambiente de copas es ideal.

La barra era bastante larga y ancha por dentro, suficiente para meter dos o tres chicas atractivas con las que atraer al público masculino e incentivarlo a pedir copas. Poca luz exterior, lo que era positivo para crear un ambiente propio con una iluminación interior exclusiva.

Habría que investigar un poco el nivel de aislamiento y la capacidad de insonorización; de modo que se pudiese colocar música a buen volumen. ¿Qué tipo de licencia debería tramitar? ¿Qué permisos se necesitaría? ¿A qué profesionales habría que recurrir?...

Cuando José Andrés llegaba a este punto y pensaba en todo el camino burocrático que debía recorrer, todo su ímpetu se frenaba. Su imaginación dejaba de ser su amiga y comenzaba a maquinar sobre todos los escalones que tendría que subir, las puertas que debía tocar y las infranqueables barreras que le esperaban. En esos momentos, sentía como la desazón le alcanzaba el pecho y su corazón ya no latía tan deprisa. Era entonces cuando la emoción daba paso al razonamiento.

Pensar que necesitaría contar con un abogado para el cambio de licencia, con un perito para actualizar el local a las nuevas normativas, con el beneplácito de los políticos..., le hacía fruncir el entrecejo y comenzar a dudar sobre la viabilidad del proyecto. Le flaqueaban las fuerzas y la convicción inicial. Le embargaba una sensación de pereza que lo inmovilizaba por completo. Un temor inexplicable le hacía dudar de dar el paso y hablar con el actual titular del negocio. Dejaba pasar el tiempo

EL EMPRENDEDOR QUE NUNCA EMPRENDIÓ

y que corrieran los días, mientras seguía pensando en los cambios que le haría al local, a quién contrataría y cuánto beneficio lograría en los primeros meses.

Comenzó a visitar el bar con más frecuencia. Se sentaba solo en un rincón, con un café o una cerveza, que le duraban más de lo necesario; ocupando un lugar que podía ser usado por un consumidor más rentable para los dueños del lugar. Calibraba, estudiaba, analizaba... Hasta que lo tenía todo completamente claro en su mente: solamente tenía que dar ese primer paso, hablar con el propietario, escuchar el precio y plantear una contraoferta.

Pero visita tras visita, se quedaba en el mismo rincón, congelado y sin hacer nada; temiendo ese acercamiento y todas las exigencias que vendrían después de ese gran «primer paso». El gran trabajo que tendría para gestionar todo ese papeleo que creía innecesario para llevar a cabo su proyecto lo molestaba. Innecesario y demasiado pesado, largo y tedioso. No dudaba por un segundo que tendría el éxito deseado en cuanto pusiera sus manos sobre el bar; pero en sus diatribas mentales, también se planteaban problemas a mediano y largo plazo.

Consideraba, y no sin acierto, que los negocios de hostelería tienen un tiempo determinado de vida —todos ellos sin excepción—, que representaba con una curva ascendente y

17

que en el caso de un bar de copas como aquel, podría durar de cuatro a seis años con un periodo de estabilidad en la cumbre, que oscilaría entre dos y tres años con suerte, hasta la inevitable decadencia que podría prolongarse indefinidamente; todo lo que él o el propietario pudiera soportar.

Estaba convencido al cien por ciento de la realidad de esta curva con la excepción aplicada a las grandes marcas, como pudieran ser las discotecas Pachá y otras parecidas. Estos negocios se podían mantener eternamente en un estado de gran facturación; tanto por haber superado el proceso de decaimiento al alcanzar algún tipo de hito que le hará alcanzar la posteridad —cantidad de público, conciertos, inversión en publicidad...—, como también por las reformas realizadas que les permitían abrir un negocio completamente nuevo cada cierto tiempo—dos o tres años—, pero siempre bajo la misma marca, con lo que el público nunca se aburriría del lugar y atraparían todo tipo de generaciones emergentes.

Por lo tanto, en sus elucubraciones, José Andrés se preguntaba si merecía la pena todo ese esfuerzo y trabajo, tiempo y dedicación para que, una vez el negocio estuviera dando buenos beneficios, comenzara el proceso para venderlo antes de la temida e inevitable cuesta abajo y que lo llevaría justo donde comenzó.

EL EMPRENDEDOR QUE NUNCA EMPRENDIÓ

Con un buen dinero, eso sí. Si se vende en su mejor momento, es una inversión a largo plazo; pero no tendría entre manos un negocio propio que pudiese hacer crecer indefinidamente y convertirlo en una corporación, con su proceso de franquiciados... No. Definitivamente, con un negocio como aquel no podría cumplir todos sus sueños empresariales. Con todas esas dudas y su falta de decisión, seguía observando. Temiendo que alguien hablara con Diego, el dueño del bar, y llegaran a un acuerdo definitivo. Se enteró de que habían rebajado el precio, pues el tiempo apremiaba y quería mudarse dejando liquidado el problema que representaba trabajar en Cantabria y tener un bar cerrado en Toledo.

Sabía que cada hora que pasaba sin acercarse a la barra, cada día que no conseguía reunir el valor, la convicción o lo que sea que necesitase para tomar las riendas del negocio, lo alejaban inevitablemente de una buena oportunidad de negocio, de hacer algo que siempre había deseado. Aunque esa oportunidad no fuese exactamente lo que siempre soñó, sí aplacaría un poco el deseo emprendedor que le latía dentro de su ser desde siempre. Pero al final, después de tanto pensarlo, no lo hacía. Su corazón le daba un vuelco si alguien, con aspecto y formas de querer informarse sobre el traspaso, pasaba más tiempo de la cuenta hablando con Diego.

Si la visita le daba la mano y la charla se prolongaba, José Andrés se quedaba paralizado por el terror, y se prometía que —en el caso de que no llegaran a un acuerdo—, no lo dudaría más y sería él el que consiguiera el trato del traspaso. Observaba aterrado cómo Diego hacía pasar al interesado dentro de la barra, enseñándole sus cámaras, la cocina, el fregadero, el cuadro eléctrico, los papeles... Se saludaban agradecidos y José Andrés creía leer en sus labios: «volveremos», «nos lo pensaremos», «está muy bien, pero no es lo que buscamos»...; observando aliviado cómo se iban sin cerrar el trato.

Entonces, volvía a relajarse, arrellanándose de nuevo en su asiento mientras pensaba: «bueno, tiempo que no lo vende. Mejor para mí. De este modo reducirá un poco más lo que pide por el negocio»; y volvía a pasar un día más en el que no se decidía a tratar los pormenores del negocio con Diego, que efectivamente, parecía más desesperado.

***

Una mañana, decidió ir a probar los desayunos que Diego ofrecía para saber si debía mantenerlos o cerrar durante esas horas.

EL EMPRENDEDOR QUE NUNCA EMPRENDIÓ

Aunque creía que lo mejor era mantener un horario lo más amplio posible para que el cliente supiera a ciencia cierta que este bar estaría abierto y siempre disponible para él.

Iba caminando con un suave trotecillo, casi convencido de que ese sería el día en que hablaría formalmente con Diego sobre las condiciones de cesión del negocio, cuando algo lo hizo detenerse su paso en seco (y casi también sus pulmones y corazón). El local estaba cerrado y alguien descolgaba el viejo anuncio luminoso de letras desgastadas que decía: Casa Diego.

No se lo podía creer. Apesadumbrado, estuvo parado cerca de diez minutos frente al bar. Arrastrando sus zapatos sobre el asfalto y con los hombros a la altura de las axilas. Se aceró lentamente al operario que trabajaba afanosamente en la colocación de un pequeño toldo. Un velón para cubrir apenas un par de metros del acerado y toda la fachada del bar. Era un kit de fácil montaje, formado a base de módulos, por lo que lograría sin grandes esfuerzos instalarlo durante la mañana.

Se acercó al hombre para preguntarle si era el nuevo dueño del local. Su respuesta afirmativa le dio mala espina; no porque aquel individuo fuera peligroso o desagradable, sino justamente por todo lo contrario. El individuo había contestado sin mirar o dejar de trabajar,

EL EMPRENDEDOR QUE NUNCA EMPRENDIÓ

habilidosamente concentrado en la instalación del toldo, que le daría la oportunidad —como así le hizo saber— de dar sombra a la fachada donde pensaba poner un estante de madera a modo de barra. De este modo, aprovecharía metros de exterior sin tener que pagar por veladores.

El sujeto sabía trabajar, se bastaba solo para hacer las cosas, y tenía muy buenas ideas; puntos muy positivos para que el negocio que llevaría entre manos tuviese un buen recorrido. Efectivamente, le daba mala espina. Sabía que había perdido la oportunidad de adquirir ese bar y desarrollar todo el proyecto que tenía sólidamente imaginado en su cabeza. Aquel tipo iba a hacer dinero con el local. Dinero que debió ser suyo, si no hubiera tardado tanto en decidirse. Mientras se despedía del nuevo propietario y se alejaba, se prometió que eso no volvería a ocurrirle. Que desde ese mismo momento pondría todas energías en montar un negocio, puesto que, al fin y al cabo, aquella experiencia le había servido para convencerse —aún más, si puede ser posible— que su futuro estaba en el emprendimiento y era para lo que había nacido. Nada podría cambiarlo.

Por su naturaleza optimista y al referirse a sí mismo, sentía que cada paso que lo distanciaba del bar, lo acercaba irremediablemente a su nuevo destino. A ese modelo de negocios

EL EMPRENDEDOR QUE NUNCA EMPRENDIÓ

definitivo con el que conseguiría levantar la empresa con la que siempre había soñado. A medida que se alejaba, sus hombros volvían a ocupar su espacio natural. Sus pies se elevaban del suelo con su acostumbrada gracia y agilidad. Su sonrisa comenzaba a llenar su rostro de seguridad.

EL EMPRENDEDOR QUE NUNCA EMPRENDIÓ

3

ETAPA FORMATIVA

Navegando por Internet, mientras leía uno de esos artículos que van dirigidos especialmente a emprendedores como él, sus ojos recayeron en un párrafo señalado con negrita. Rápidamente, la copio a su ordenador y la usó como fondo de pantalla para tenerla presente en todo momento y proponerse de facto a cumplirla:

> «*Crear un negocio propio requiere mucho más que una idea brillante y ganas de trabajar. La puesta en marcha de una empresa implica gestionar áreas muy distantes unas de otras. La mayoría de los emprendedores se centra en contabilidad, fiscalidad o recursos humanos... Pero formarse en idiomas, calidad, marketing, nuevas tecnologías o comercio exterior, también es fundamental para el éxito del proyecto*».

José Andrés comprendió que debía formarse. Una idea que siempre había estado presente, planeando por su cabeza, pero nunca se había determinado a elegir alguna rama o especialización en concreto. Y es que hasta ahora, los oficios que había desarrollado no le habían exigido ninguna preparación, ni mucho menos una titulación.

Pensaba —y ahora entendía su gran error— que para desarrollar un proyecto empresarial, no era necesario una formación especializada o una capacitación profesional. Que con solo tener ideas claras acerca de lo que quería y sobre cómo conseguirlo, sería suficiente para emprender con éxito. Pero a medida que profundizaba en casos de éxito, leyendo sobre startups que facturaban millones y agencias innovadoras que conseguían importantes créditos de inversionistas interesados, descubría que tenía una idea muy equivocada sobre el emprendimiento.

José Andrés tendría que aprender muchas cosas sobre cómo conseguir dinero y vender una idea, conocer Internet y utilizarlo en su promoción, no dejar a un lado la contabilidad y aprender los métodos implantados por la competencia para remediar los errores cometidos, en qué consistía un estudio de mercado y cómo hacer un proyecto...

En medio de su investigación, se descubría a sí mismo en un estado precario de conocimientos. Le invadía una terrible sensación de

EL EMPRENDEDOR QUE NUNCA EMPRENDIÓ

angustia y un sudor frío que no llegaba a traspasar la piel. Le embargaba un cansancio generalizado y dolor de huesos al verse a sí mismo en un profundo pozo, con una única salida; pero demasiado elevada y escurridiza. Sabía que si realmente deseaba convertirse en un jefe que llevara a buen puerto su futuro negocio, debía conocer al menos un poco sobre gestión de empresas, para no dejar todo a la carta de improvisación y al talento que creía tener. Si deseaba triunfar, debía formarse para, al menos, tener una idea global del mundo al que quería pertenecer.

Contaba con buenas herramientas de partida, como la motivación y su tan apreciado Don. Pero, según los expertos, debía también contar con recursos, formación e información. Eso era lo que le faltaba, pues según sus consultas en la web, los emprendedores de hoy en día son los más capacitados de los últimos tiempos. Alrededor de un 70% de jóvenes que quieren llevar a cabo su propio proyecto empresarial, cuentan con una titulación media, y más del 45% tienen estudios superiores.

José Andrés descubrió que las principales materias que debía estudiar son las que se relacionan con gestión empresarial, como son las del área financiera, fiscal, legal, marketing y ventas. Como no tenía demasiado dinero, ni tampoco disposición para asistir a clases y reunirse con otras personas con las que tendría que compartir sus secretos y habilidades, decidió finalmente usar Internet para formarse. Pero, como descubriría rápidamente, este aprendizaje no le daría títulos ni una formación rigurosa; pero sí la suficiente para saber de qué trataba cada tema y ser capaz de emitir opiniones con criterios firmes.

Internet fue su tabla de náufrago para mantener vivo el fuego del emprendimiento que ardía en su interior. Si sabía buscar, en la red encontraba solución a casi todos los problemas que pudieran plantearse en cualquier tipo de negocio. Temas sobre financiación, crear y presentar proyectos, herramientas para ser más ágil y productivo, etc.

José Andrés se convirtió en autodidacta. Podía conectarse a Internet siempre que quisiera; seguir sus investigaciones y estudios con facilidad sin ajustarse a horarios definidos. Era capaz de hacerlo con el cuerpo cargado de alcohol después de una fiesta o en las plácidas tardes de verano, cuando todos tomaban la siesta, pero a él, el calor no lo dejaba dormir. Con su smartphone, utilizaba los tiempos muertos en el trabajo o de camino a la fábrica, cuando no le tocaba conducir. Aprovechaba cuando esperaba a su novia en el portal, o en los momentos en que se sentaba solo, en la

EL EMPRENDEDOR QUE NUNCA EMPRENDIÓ

terraza de un bar cualquiera, a tomar una cerveza.

Cada nuevo descubrimiento informativo y cada paso que daba para formarse, lo hacía convencerse más de que el momento se acercaba; y que si bien no conocía todos los niveles de una empresa a fondo, sabía de que se trataban y cuales eran sus funciones, con más o menos claridad. También aprendió una palabra que le salvaría y le daría la excusa perfecta para no estudiar algo que le aburría o le sobrepasaba: «externalización».

Había dado con el bote salvavidas perfecto para cualquier problema o exigencia. Si no entendía algo o se necesitaba demasiada cualificación, tiempo o recursos para resolverlo; podía externalizar el proceso, contratando una empresa auxiliar para que lo ejecutara. Eliminaría la carga y ¡asunto arreglado!; atendiendo a la famosa frase de muchos empresarios: "Delega y vencerás".

El trabajo de José Andrés consistiría en elegir adecuadamente en quién depositar su confianza; tanto acerca del equipo que tendría a su alrededor permanentemente y que formaría parte de la nómina, como también sobre aquellas compañías proveedoras de servicios, que pudieran ser contratadas por periodos de tiempos específicos para cumplir con una tarea o indefinidamente, si el trabajo lo requería y el precio merecía la pena.

Recordó la frase de un director de cine, que solo seleccionaba a personas hacían bien su trabajo; los coordinaba y después se llevaba todo el mérito, aunque el trabajo real lo hicieran otros. Quizás esta fue la mejor lección de todas. Que no tienes por qué saberlo todo si no solamente tener el teléfono de quienes lo saben y dinero para contratarlos. Aunque también, se considera vital tener ciertas nociones sobre los temas para tener conversaciones coherentes con los especialistas, saber expresarse y hacerles entender lo que quería para sus proyectos; además de demostrar que comprendía sobre esos asuntos y así, evitar ser engañado o estafado.

La etapa formativa de José Andrés comenzó con gran pasión e interés, pero fue decayendo a medida que descubría la inmensidad del vacío ante él y la cantidad de cosas que tenía que aprender para llegar a ser un verdadero profesional, cualificado y experto en las gestiones empresariales. Y aunque nunca dejó de interesarse con más o menos intensidad sobre estas cuestiones, al descubrir la fórmula de externalización, se relajó bastante y aumentó la confianza con la que daría el salto definitivo hacia la creación de una empresa con un proyecto propio y original.

EL EMPRENDEDOR QUE NUNCA EMPRENDIÓ

Y en esa tesitura se tomó una buena temporada, pues quería evitar los errores de novato. Debía crear algo que lo hiciera sentir a gusto y conforme. Que le gustara y por lo que sintiera pasión. Algo que le costara poco aprender, y pudiese descubrir secretos, herramientas, estrategias y las posibilidades de expansión que tendría. En resumen, quería estar como pez en el agua.

Pero de algo le sirvió toda la información que pudo recabar. Lo que aprendió sobre informática, contabilidad, recursos humanos, finanzas, marketing... Si bien no era suficiente para poner en pie un proyecto de empresa definitivo, todo aquello que asimiló, relacionado con el mundo de los negocios, le sirvió para llamar la atención de un tío suyo, propietario de una consultoría en pleno centro de la ciudad.

Este familiar, Alberto José, que no era mucho mayor que él y con quien mantenía un buen trato, decidió darle una oportunidad para aprovechar esa iniciativa que aparentaba tener, junto con los conocimientos adquiridos de manera autónoma y las grandes ideas que en más de una ocasión compartió con él. Alberto José decidió convertirse en su mentor.

José Andrés consideró que, si aún no llevaría sus propias ideas a cabo, sí que podría echar una mano a alguien hasta que llegase su

EL EMPRENDEDOR QUE NUNCA EMPRENDIÓ

momento. No encontró ninguna oportunidad mejor que esa para desarrollar sus capacidades, por lo que aceptó sin dudarlo.

4

SEGUNDA OPORTUNIDAD

Llegó de improviso, sorprendido por no haberlo visto antes, pues lo había tenido al frente durante mucho tiempo. El proyecto de empresa en el que trabajaría y al que dedicaría el resto de su existencia, no solamente mejoraría su calidad de vida, sino que también aportaría algo bueno a un mundo cada vez más decadente y en un sistemático peligro.

Percibía en este modelo de negocios, un compendio de todo lo que le había hecho ilusión desde que era un niño pequeño; viéndose a sí mismo como un héroe admirable, cuyo objetivo es salvar al mundo, mientras disfruta y se divierte con lo que aprende y lo que logra.

Contaba con un fuerte componente de futuro, pues el servicio que se proponía a ofrecer sería cada vez más necesario; por lo que sería alabado como un arquetipo de ídolo moderno por la sociedad.

EL EMPRENDEDOR QUE NUNCA EMPRENDIÓ

Su empresa iría dirigida a un público en continuo crecimiento; pues tal como se preveía, a corto, mediano y largo plazo iba a ser más urgente y necesario su trabajo. Posiblemente llegaría en algún tiempo —ni muy corto ni tampoco, demasiado largo— a niveles de emergencia exorbitantes; por lo que las ventas no dejarían de aumentar. En un mundo envuelto en constantes crisis climáticas y de sostenibilidad, una empresa proveedora de servicios naturales y ecológicos era lo que se necesitaba. Proveería a ciudadanos, a empresas y a organismos públicos, de todas las herramientas necesarias para revertir el daño continúo que la naturaleza venía sufriendo desde mucho antes de la primera Revolución Industrial a través de la recuperación de espacios comunes, sociales y arquitectónicos. No solo como un vivero que surte de plantas y árboles a los parques y jardines, sino también con ideas, contactos, relaciones, soluciones, tecnologías, etc. El mundo se destruye, pero las piezas para construir un medio con el que frenar el colapso final ya existen y están disponibles para todos; sólo hay que promoverlas y ubicarse justo en medio, para ser ese canal intermediario indispensable entre quien las produce y de quien las necesita.

Y José Andrés por supuesto, era ese hombre. Ese empresario que surtiría de soluciones

EL EMPRENDEDOR QUE NUNCA EMPRENDIÓ

a un mundo cada vez más desequilibrado ambientalmente. Que pronto se verá sorprendido por la necesidad de adaptar cada espacio público, cada vivienda, cada rincón dentro de las industrias hacia una visión ecológica que los haría más habitables y favorecería el retorno a la naturalidad del planeta; al que le han sustraído tantos recursos durante generaciones.

José Andrés se había considerado un ecologista amateur desde la pubertad, cuando descubrió —gracias a las revistas de su padre, en los años ochenta— que se fraguaba un gran problema a nivel planetario. Que los bosques retrocedían a pasos agigantados y las especies animales desaparecían ante una indiferencia casi absoluta. Se dio cuenta que el cemento lo cubría todo mientras el ser humano trataba a la naturaleza como a un problema que solucionar, un terreno que conquistar o incluso, como a un enemigo; olvidando que es en realidad su hogar y que su vida está, inevitablemente, ligada a ella.

En esa época, escuchó las primeras voces de auxilio, que provenían de organizaciones no gubernamentales como Greenpeace, WWF, Adena, Ecologistas en Acción o SOS Amazonia. Estas compañías alertaban de la terrible deforestación que venía ocurriendo en los principales pulmones del mundo y muchos otros lugares desprotegidos y explotados por la

35

avaricia del hombre. A pesar de estas señales de alarma y del aumento progresivo de la contaminación global; nadie hizo nada. No hubo esfuerzo mundial para frenar el desastre que a todas luces, ya comenzaba a tomar forma.

En algunas ocasiones en su juventud, José Andrés participó en recogidas de firmas y venta de objetos para ayudar a una u otra causa: la matanza de focas en el ártico, la deforestación amazónica, la mortandad de delfines en las Islas Feroe... Todo esto le había sido útil para limpiar un poco su conciencia, pero luego de eso, nunca sus pasos se encaminaron hacia una actitud activa para defender estos menesteres. Ahora era distinto porque sí podría hacer algo de verdad y cambiar esa indiferencia entre la sociedad, mientras el creaba un negocio permanente y escalable.

Y como suele ocurrir en toda crisis, las mejores oportunidades aparecen claras para todos aquellos que tienen la perspectiva y el valor suficiente para tomarlas y hacerlas suyas. Ante la mayor crisis de la historia y el mayor problema al que el hombre ha tenido que hacer frente, a él, José Andrés, se le presentó la mejor de las oportunidades; y estaría en el lugar adecuado. Justo en el epicentro, a la misma distancia del problema y también, de la solución.

EL EMPRENDEDOR QUE NUNCA EMPRENDIÓ

Daba vueltas al asunto día y noche. Sabía que allí estaba su futuro y por ende, el de toda la humanidad. Sería estúpido no aprovechar esta idea, tan clara y brillante, que se abría ante sus ojos como un arcoíris multicolor sobre un terreno yermo y muerto; superpoblado de fábricas apestando a humo que necesitaban ser recicladas, reconvertidas y renovadas. Veía ante sí soluciones que mejorarían la calidad de vida de las personas y la salud del planeta: tejados de apartamentos que podían ser cultivados, energías alternativas que debían instalarse sin demora, técnicas de reciclaje, clases de concienciación medioambiental, herramientas para el compostaje, inteligencia artificial de depuración de agua... Su imaginación echaba a volar al pensar en el inmenso campo de posibilidades que tenía en frente y lo económi-camente beneficioso que podría ser.

Pero debía pensar, recapacitar y darle forma a todo aquello que bullía en su cabeza y que le hacía sentir prisa por empezar. Temía que su idea se la robara cualquier avivato con dinero; que le quitasen un futuro que sólo a él le pertenecía. Su puesto como un prohombre que participaba activamente en salvar al planeta y que fuese reconocido por ello; además de enriquecerle hasta el extremo de lo absurdo.

Porque una cosa estaba clara. Todo lo que proyectaba, estaba muy bien y ayudaba al

EL EMPRENDEDOR QUE NUNCA EMPRENDIÓ

planeta, pero, en absoluto debía ser altruista. Pero no por él, que podía pertenecer a la clase trabajadora de por vida sin problemas; sino por este mundo donde gobierna el capital. Aunque un proyecto esté dirigido a salvaguardar la salud del planeta, si no es rentable, la misma sociedad se echará encima, acusándolo de populista, comunista o cualquier otra idiotez. No. No estaba dispuesto a pasar por eso. Sería el nuevo Amancio Ortega, Carlos Slim, o el mismísimo Bill Gates. Algún gran hombre de esos que nadie se atrevería jamás a «soplarle en la oreja».

5

POR DONDE EMPEZAR

Lo tenía todo claro. Entendía la problemática y sabía dónde estaba la solución. El punto de dolor, clave para que se vendiera un producto o para que un servicio fuera demandado, crecía sin tener que mover un dedo. Tenía que actuar y poner en práctica su idea antes que otro se le adelantara; creyendo que lo más acertado, sería dar a conocer el nombre de su marca. Por lo tanto, para dar consistencia a su idea necesitaba urgentemente un nombre para su proyecto ecológico.

Debía, en pocas palabras, determinar la finalidad del proyecto, acercándose lo más posible a una declaración de intenciones que dejase claro con qué se estaba tratando. Algo que fuese impactante, sonoro y que, desde sus inicios ya causara cierta impresión a las masas. Un nombre como Ecofuture o Ecolive, que destacara por si solo el objetivo que tendría su empresa. Tiempo después descubrió que todos

EL EMPRENDEDOR QUE NUNCA EMPRENDIÓ

los nombres interesantes que ideaba ya tenían propietario; por lo que no sería tan fácil dar ese primer paso que consideraba imprescindible para cimentar su modelo de negocios y proteger su idea.

Como las ganas de trabajar en su proyecto le superaban, pero no tenía medios para montar una oficina, un despacho o cualquier otro medio físico para emprender; ningún contacto que le ayudara a enfocar la situación en la que se encontraba y pocos conocimientos para moldear sus ideas empresariales y poco conocimientos para enfocar sus ideas; optó por la solución más eficaz y económica que cualquier emprendedor tiene hoy día a su alcance: Internet.

La creación de una página web podría ser el primer gran paso que daría pie a muchos otros; útiles para encaminar el negocio que tenía en mente y que lo llevaría a alcanzar las más altas cotas de popularidad y beneficios. Además, formaría parte, o incluso lideraría, el grupo de empresarios que llevarán al mundo a un nuevo horizonte verde de paz y armonía. Encontrarían el camino hacia el equilibrio natural entre el hombre y el resto de las especies que habitan la Tierra.

En ocasiones, José Andrés no podía evitar sonreír, al tiempo que negaba con la cabeza el tamaño que cobraban sus ensoñaciones.

EL EMPRENDEDOR QUE NUNCA EMPRENDIÓ

¿Hasta dónde era capaz de llegar navegando en su nube de fantasía? Cuando llevaba un rato divagando y volando entre sus imaginaciones, y deseos; tocaba tierra y se descubría en el mismo banco de siempre, en el parque de La Vega. O en el sofá del salón de la casa de sus padres, frente al televisor. O en su dormitorio, vistiéndose para llegar algunos minutos tarde a su empleo en la oficina de consultoría. Cuando despertaba, se asustaba de todo lo que recreaba en su mente, sintiéndose pequeño, desanimado, con una risa floja y nerviosa que le salía desde el bajo vientre, al contemplar el ingente trabajo que le quedaba por hacer.

Este desánimo le colocaba unas pesas en los pies o cadenas que lo condenaban igual que a un alma en pena, obligándole a transitar sin rumbo, vagando por un valle eterno de dudas y temores que frenaban constantemente su disposición de ponerse a trabajar. Se sentaba frente al ordenador para comenzar a planificar, proyectar y poner en pie el proyecto web que flotaba en su cabeza. Pero no lograba teclear más que un par de palabras antes de parar en seco, preguntándose una y mil veces si este era el camino correcto... Si no había un atajo para llegar antes... Si podía hacerlo mejor... Si estaría haciendo el ridículo y si solo se daría cuenta cuando fuese demasiado tarde.

EL EMPRENDEDOR QUE NUNCA EMPRENDIÓ

Se encontraba justo en el principio. Pensó que quizás esa fuese la razón del porqué le costaba tanto arrancar y que, cuando lograra superar el tan anhelado "primer paso" que le faltó en su primera oportunidad, todo fluiría mucho más rápido; las cosas saldrían rodadas y ya no habría nada que fuera capaz de detenerlo.

En algún lugar leyó que el éxito de un emprendedor debía establecerse y medirse por hitos posibles; sin dejarse encandilar ni tampoco hundir por proyectos ni éxitos a largo plazo o que fuesen imposibles de cumplir. Proponerse objetivos sencillos, cortos y rápidos, cumplirlos y volver a colocarse otros de manera inmediata y progresiva. Esta sería su estrategia para hacer realidad su proyecto de negocio y sentirse bien consigo mismo al ir notando cómo, de manera constante, iba cumpliendo con lo establecido.

Con todo eso claro, se marcó los dos primeros objetivos: elegir el nombre y crear la página web de su lucrativo y esperanzador proyecto.

***

Dos meses le llevó a José Andrés dar con el nombre de la marca. Aunque no era perfecto y no hubiese sido su primera opción, podría valer

EL EMPRENDEDOR QUE NUNCA EMPRENDIÓ

y ajustarse a su modelo de negocios. El tiempo pasaba inexorablemente y tenía que decantarse por uno. No podía permanecer más tiempo sin avanzar en la web. Eco Revolution Systems le pareció muy moderno y lógico, con posibilidades de tener peso y credibilidad en el futuro. Lo eligió en lengua inglesa, de modo que miles de puertas internacionales se abrieran con mayor facilidad.

Registrar este nombre como marca comercial fue su primera inversión. Con 150 euros, se convenció de que era la mejor manera de demostrarse a sí mismo que el proyecto comenzaba a formarse y que iría adquiriendo fuerza y volumen, hasta que nada lo pudiese detener.

Este primer paso le llevó a enterarse de que había distinciones entre marcas, nombres comerciales y denominaciones sociales; además de muchas otras cosas que consideró demasiado complicadas y que en estos momentos carecían de importancia.

La protección del nombre estaba ya asegurada, y eso era lo esencial. El siguiente paso sería crear la web. Ya tenía un nombre comercial. Ahora había que crear un dominio que tuviera relación con esta marca recién establecida. Algo que creía sumamente sencillo.

6

CREAR UNA WEB

Crear una página web una puerta más hacia otro universo. Otro cúmulo de acciones, conocimientos, estrategias y técnicas, que debía ir aprendiendo o externalizando. La última opción le pareció bastante precipitada, teniendo en cuenta que en la gestoría de su tío apenas recibía 800 euros mensuales por el trabajo que realizaba y al restar sus gastos, no podría servir de capital para comprar el diseño de una web.

No. Al comienzo, todo lo tenía que realizar él mismo y a medida que fuese creciendo; con los primeros beneficios comenzaría a delegar algunas operaciones en profesionales que optimizaran la plataforma, consiguieran posicionarla bien en Google, mejorando los resultados económicos y aumentando las ventas y la reputación virtual de la marca Eco Revolution Systems.

EL EMPRENDEDOR QUE NUNCA EMPRENDIÓ

Ahora, tenía que decantarse hacia el segundo objetivo que se propuso: hacerse un hueco en Internet y comenzar a promocionar su marca, de este modo que su nombre sonase en forma de página web. En primer lugar, debía comprar un dominio para la página. Una dirección web con la que sus clientes pudiesen localizarlo e identificar su compañía. Ecorevolutionsystems.com fue la primera opción y la más lógica de todas. Lo releía y le gustaba cada vez más. Al menos con este nombre de marca y con su dominio para la web podría comenzar a sentirse satisfecho.

El siguiente paso sería contratar un alojamiento web: ese rincón electrónico al que podría llamar hogar, o más técnicamente, servidor local para su site. Ese sería el espacio virtual donde guardaría todos los archivos que conformarían la estructura y el diseño de la web cuando haya sido creada. Debía buscar el equilibrio perfecto entre soporte técnico, calidad del servicio, seguridad, precio...

Lógicamente, y muy a su pesar, lo que primó en su decisión final fue el precio; ya tendría recursos en el futuro para transferir el dominio cuando comenzara a percibir beneficios. En estos momentos, no podía permitirse demasiados gastos, sabiendo que quedaba mucho camino por recorrer antes de empezar a rendir frutos y lograra el retorno completo de su inversión; un concepto muy importante que había aprendido y se denominaba ROI (Return On Investment, por sus siglas en inglés).

El tercer paso que debía dar, era elegir la plataforma donde construiría su página web: el CMS (Content Management System). La elección del mismo fue bastante sencilla, pues todo al que preguntó y lo que investigó en línea, lo llevaron a un mismo software. WordPress parecía ser el gestor de contenidos perfecto; pues alguna razón de peso tenía que haber para ser el más usado en todo el mundo.

Cuanto más estudiaba sobre el CMS, más le gustaban sus funciones y ventajas eran numerosas. La principal, era que podía construir la web por sí mismo. Al parecer era muy fácil, operando a base de módulos y de forma completamente gratuita. Un sistema que contaba con múltiples funciones: desde la optimización para el posicionamiento SEO (Search Engine Optimization), —algo que tendría que estudiar con mayor detenimiento en un futuro próximo— hasta la impresionante cantidad de plantillas existentes, sobre las cuales construir la web y añadir contenido; para diseñar, y embellecer el sitio, haciéndolo llamativo y diferente al resto de las páginas webs.

No dudaba que esto le llevaría más tiempo; pero le daba oportunidades para tener el completo control de su web, sin terceros que la

EL EMPRENDEDOR QUE NUNCA EMPRENDIÓ

toquetearan sin su permiso. Todo lo que iba a aparecer en ella, pasaría por sus manos; siendo como un músico que compone una pieza a base de imágenes, colores, textos y herramientas digitales.

Por otra parte, en WordPress podía utilizar los famosos plugins: programas informáticos que mejoran y optimizan la calidad de la propia web con tan solo unos cuantos clicks, configurando factores y elementos que no pueden ser modificados por un principiante del diseño web. Por ser WordPress un software de código abierto, usuarios desarrolladores crean y ofrecen de manera espontánea sus recursos a través de los plugins y que pueden ser utilizados de manera gratuita o paga, según las mejoras y funcionalidades que desees.

Pero como siempre suele ocurrirle a José Andrés, no tardó mucho en darse cuenta que estos cantos de sirena no eran tan bonitos como parecían. Al momento de llevarlo a la práctica, se fijo en que, aunque pudiese hacerlo por sí mismo, el mundo del desarrollo web era más amplio de lo que esperaba. Si quería destacarse y ofrecer calidad, debía optar por la contratación de verdaderos profesionales del diseño. Hombres y mujeres que saben lo que quieren sus clientes, como pueden dárselo y con experticia para llevar una web al éxito y manejar correctamente una audiencia.

Sí. Intentarlo estaba muy bien. Pero comprendió que si quería competir de verdad y salir a la arena del mercado con oportunidades — al menos mínimas —, debía contar con estos especialistas; quienes realmente entendían del tema. Si no, pocas probabilidades tendría de ganar al menos una batalla. Fue en el ámbito del desarrollo web donde definitivamente y, por primera vez, se plantearía la necesidad de delegar una función.

Y es que aún se le escapaban conceptos como experiencia del usuario, indexación en Google, estrategias eficaces para el posicionamiento en los buscadores, enlaces externos... Más y más cosas que eran casi tan difíciles de entender como de pagar; por lo que el desarrollo final de la web volvía a atrasarse durante mucho tiempo.

José Andrés sabía, muy en el fondo de su mente, que todo esto era posible pero que debía seguir los métodos necesarios para hacerlo realidad. Necesitaba dinero para, al menos publicar el sitio web en un mínimo funcionamiento y desde allí iniciar con una segunda etapa.

Seguía atascado por la falta de capital para invertir en una web que captara la atención y confianza de sus potenciales clientes. Investigó los métodos de financiación alternativos al préstamo bancario, al que no creía no poder

EL EMPRENDEDOR QUE NUNCA EMPRENDIÓ

acceder y si lo intentaba, obtendría un no rotundo. Otras formas más modernas de obtener capital, como el de crowdfunding y crowdlending también estaban disponibles. Podía encontrar a su propio Business Angel o recurrir a las tres F: (Family, Fools and Friends). Pero para esto, necesitaba concretar su proyecto en papel para poder presentarlo y defenderlo ante potenciales inversores; lo que resultaba un muro alto e infranqueable.

Tenía fe en su idea, no cabía duda. Pero el solo pensar en convencer a alguien sobre la genialidad de su proyecto para pedirle dinero, le aterrorizaba. No sabía muy bien si sentía que era degradante, si iba en contra de su orgullo o si pensaba —sin haberlo intentado primero— que no lo haría bien.

Al principio creyó que con la web, no haría falta presentarse ante nadie a mendigar un solo euro. Quería convencerse de que le lloverían ofertas de participación, de inversión, de colaboración, por el simple hecho de tener una «idea fabulosa». Pensaba que al exponerse de forma online lo lograría, pero para ello, tenía presentar una página web valiera la pena. Algo que costaba cada vez más dinero, a medida que avanzaba en sus investigaciones.

Esta realidad era una serpiente que se comía su propia cola; encerrando en un círculo vicioso al pobre emprendedor José Andrés,

49

EL EMPRENDEDOR QUE NUNCA EMPRENDIÓ

quien, que con los hombros caídos y la cabeza gacha, volvía a ocupar su asiento en aquella oficina con olor a viejo, en la que su tío no lo miraba demasiado bien. Como si fuese una inversión que no le estaba saliendo rentable.

No le quedaba más que seguir con la idea original. Crear una web como sea, con los conocimientos que tuviese, añadiéndole una tienda para vender productos relacionados con su temática y contenido de calidad para aumentar el número de visitas y darle relevancia en Internet. También podría colocar anuncios con Google Ads que también le procurasen alguna entrada de dinero con la que reinvertir en el sitio.

Un camino lento y farragoso, pero transitable. Solo debía armarse de paciencia, constancia y ganas de aprender. José Andrés creía tener todo eso, y más. Así que... ¿Por qué no intentarlo? La noria de su mente, subía de nuevo a lo más alto y la montaña rusa de su espíritu tomaba velocidad.

El emprendedor volvía a sentir esa intensidad en sus pulmones. Ese calor que le originaba el saber que el futuro estaba ahí, justo delante de él. Que tan solo al alargar la mano, podría atraparlo. ¿No es acaso el más feliz de todos, aquel que sabe lo que quiere y tiene claro su propósito en el mundo? ¿No debería estar satisfecho y agradecido, por ser una de esas

EL EMPRENDEDOR QUE NUNCA EMPRENDIÓ

personas que tiene un destino, lo reconoce y sabe cómo alcanzarlo?

José Andrés no era un ser humano normal, que vive tranquilo en la apatía de una vida de sumisión y obediencia. No era de esos que pasa de forma anodina por el mundo —como un engranaje más en el reloj del tiempo—, sin pena ni gloria, gris y absurdo. Él no. José Andrés no era así. Él iba a ser grande y a crear algo grande, sin importar el tiempo que le tomara conseguirlo. Y debía empezar ya. Con una página web.

7
SIGUIENTE PASO: EL TRABAJO

Pasaron seis largos meses antes que José Andrés tuviese activa la web. Al principio hizo todo lo que pudo. Compró el dominio, alquiló un hosting y diseñó la página en Wordpress con Avada, una plantilla de moda y que le pareció atractiva. Comenzó a cargar en ella contenido escrito, acompañado de imágenes sobre lo mal que estaba el mundo y las posibilidades que podían implementarse para revertir ese problema.

En la página de inicio, escribió una breve introducción señalando el punto de dolor —global en este caso— y a lo que cada persona podía recurrir, como voluntarios de un nuevo orden mundial, en que la vida y el respeto por lo natural fuesen el eje de sus movimientos y el centro sobre el que pivotara la raza humana.

Creó varias pestañas. En una colocó el blog, en el que esperaba añadir contenido diario o al menos, tres o cuatro post semanales con los que podría satisfacer a las arañas de Google. El principal objetivo: lograr posicionamiento orgánico y ganar usuarios con información útil y entretenida; de modo que, con el tiempo, pudiese aceptar artículos patrocinados con los que se gana mucho dinero. Para llegar a ese punto, debía lograr un alto flujo de visitas. Objetivo que entraba dentro de sus planes. José Andrés quería, con Eco Revolution System, obtener relevancia en Internet como una página de interés para los movimientos ecológicos, que crecen con fuerza en todo el mundo.

Para empezar a ganar dinero rápidamente, con el sitio, había depositado su confianza en otra pestaña convertida en tienda online. Desde allí, ofrecería libros para la venta que impulsaran un mundo más ecológico. El reciclaje, la siembra, la permacultura, los residuos orgánicos, los aerogeneradores, la agricultura ecológica, los huertos medicinales, la producción de jabón ecológico, y muchos otros temas serían los principales en los libros que promocionaría en su tienda virtual para convertirse en referente de esta área.

Mientras crecía, iría contactando proveedores para aumentar su stock virtual en la

EL EMPRENDEDOR QUE NUNCA EMPRENDIÓ

tienda online con todo tipo de objetos y productos ecológicos a través del dropshipping; con el que podría vender desde su web y quedarse con una comisión, sin necesidad de almacenar nada y solo ejerciendo una función de intermediario.

Pero aún no había tocado el plato fuerte. Los servicios de optimización de espacios públicos y privados estaban reservados para la última pestaña y eran la herramienta con la que esperaba hacerse famoso en el sector y ganar dinero de verdad. En esta sección, explicaba su función como profesional y ofrecía servicios completamente exclusivo y novedoso.

José Andrés se consideraba creador absoluto de este servicio. Desconocía si existía alguien más haciendo lo mismo. Quería convertir cualquier lugar, en un rincón verde y natural. Pero no solamente abarcaría el ámbito de jardinería y decoración, pues consideraba que eso lo podía hacer cualquiera. Sus servicios se enfocaban en organizar lugares, para que pudiesen ofrecer una utilidad productiva.

Esperaba crear espacios en los que se pudiera conseguir alimentos, recoger agua de la lluvia, recuperar la usada en el hogar y optimizar su consumo. También quería tocar temas de energía solar y eólica para uso privado; de modo que sus clientes fuesen capaces de desconectarse casi por completo, del consumo

EL EMPRENDEDOR QUE NUNCA EMPRENDIÓ

exterior. José Andrés deseaba convertir definitivamente, cualquier lugar en un espacio sustentable. Todos los proyectos dependerían del tipo de instalaciones, del presupuesto de sus clientes y de su propia creatividad; la cual, creía inagotable con respecto a este campo.

A medida que desarrollaba la idea y descubría posibilidades en su nuevo oficio, también dudaba y se asustaba ante la posibilidad de prometer mucho y no ser capaz de cumplir lo que ofrecía en la web. Preocupándose y consolándose al mismo tiempo, pensaba que, al no tener nadie por encima de él a quien dar explicaciones o índices de resultados, si veía que el proyecto de algún cliente lo sobrepasaba, podría inventarse excusas o elaborar presupuestos desorbitados para asegurarse de que no sería aceptado.

José Andrés maquinaba con demasiada frecuencia en las excusas y los posibles fracasos, ya que —como se decía a sí mismo— estaba pisando terreno virgen. Al ser el primero y único en hacer esto, podía permitirse el cometer errores o evitarlos descaradamente, sin sentirse humillado o dolido por ello. Temía que en estos primeros pasos, recibiera un mail de una comunidad de vecinos para optimizar el tejado; solicitando la colocación de techos verdes, jardines verticales en las paredes, espacios

EL EMPRENDEDOR QUE NUNCA EMPRENDIÓ

comunes con huertos en y cualquier otra ocurrencia que ya él había ofrecido en la web.

A pesar del temor, quería probarse a sí mismo que era capaz de planificar todo aquello; contratar a las personas adecuadas y supervisar el trabajo. Pero el tiempo pasaba y no llegaban visitas a la página. Tampoco se producían compras y mucho menos, aparecían clientes con proyectos de adecuación sostenible. Comprobó que su web no estaba relacionada en los listados de búsqueda que Google ofrecía a sus usuarios. Entendió que usar palabras clave no sería suficiente para posicionarse. Consideró que no había hecho todo el esfuerzo necesario para que su página escalara posiciones en estas listas.

Necesitaba un experto SEO que le ayudara a que su querida web apareciera donde quería. Debía vincular enlaces internos y comprar externos para hacer linkbuilding. Tenía que colaborar para otras webs relacionadas con su sector o en diarios digitales de importancia; lo cual sería más valorado por el propio Google y lo impulsaría hacia las primeras posiciones. También era necesario añadir aún más imágenes y contenidos a la web e incluir vídeos. Esto último sería de gran utilidad. Ser capaz de grabar tutoriales explicando lo que era capaz de hacer era lo que impulsaría su proyecto. «Los videos posicionan muy bien, —había oído decir a los expertos— garantizan muchas visitas. La audiencia prefiere ver y escuchar antes que leer».

El problema es que los vídeos eran otra cosa que no se atrevía a hacer. El miedo escénico era demasiado grande. Temía quedar en ridículo delante de una cámara y con toda seguridad lo haría —así afirmaba, sin haberlo intentado siquiera—. Aunque podía tomar una alternativa y hablar con amigos que ostentasen ínfulas de actor y se prestara a grabar los textos que él redactara.

Las grabaciones en vídeo serían una cosa más para añadir a la lista de acciones que tenía por cumplir; una lista que no se reducía jamás. Antes bien, no paraba de crecer. Tenía un enorme directorio de empresas para contactar y promover la oferta de Eco Revolution System a través de la web. Quería relacionarse con un especialista SEO que le presupuestara la optimización de la página, y le asegurara un buen posicionamiento. Cuando visitaba su página, también pensaba en contratar un diseñador para que la mejorara y le diera un aspecto más profesional. Cada día la la veía peor, muy infantil y poco elegante.

Además de todo eso, tenía que estudiar si quería cerrar negocios y obtener oportunidades para adaptar algún espacio. Deseaba aumentar sus seguidores para aumentar sus ventas.

EL EMPRENDEDOR QUE NUNCA EMPRENDIÓ

Sabía que estos se podían comprar y resultaba bastante útil; tanto para posicionarse como para aparentar que la página era interesante y, en consecuencia, atraer más visitas. Y es que cuando algo tiene afluencia, la cadena se fortalece y crece más fácilmente. Si los usuarios de Internet ven que esta página tiene visitas, entrarán en ella a curiosear; aumentando la importancia de la web e iniciando un proceso en cadena bastante importante para alcanzar los objetivos de tráfico deseados.

Parecía que este es el sino todo emprendedor: no ver un final claro y con dificultad, asentar de forma definitiva un negocio. Pero en el caso de José Andrés, no sólo sufría esto, sino que también anhelaba —sin poder ver—el momento de descansar y recoger algún tipo de beneficio. Nada despegaba. Seguía anclado a un proyecto que no terminaba de cuajar; creciendo en cuanto a proyección pero sin concretar posibilidades ni focalizar un objetivo inmediato de rédito.

—Demasiadas cosas que hacer y sin terminar hijo. ¡No profundizas en ninguna!

Eso le dijo su padre alguna vez. Al recordarlo, volvía a sentirse ofendido igual que en el momento que ocurrió. En ese momento se enfadó mucho, pero ahora, después de tantos años, comenzaba a sospechar que su padre tenía bastante razón.

EL EMPRENDEDOR QUE NUNCA EMPRENDIÓ

—Tus ideas no son malas, hijo, pero debes centrarte en terminar alguna cosa. Aquella frase que tanto le fastidió, representaba la cruda realidad de su vida. El trabajo y esfuerzo que dedicaba a aquel proyecto de negocio. El desgaste que estaba sufriendo, día a día, estaba directamente relacionado con su forma de ser; aquel estigma que lo convertía en un vagabundo de ideas y proyectos sin finalizar. En un paria que no encontraba un hogar definitivo; sin poder ser dirigido por la vocación que le latía profundamente dentro, reconociéndola como destino, pero sin poder llegar a ella su meta: crear una empresa, crecer y enriquecerse con ella.

Creía haber encontrado el camino de baldosas amarillas que le condujeran a su propio y mágico mundo de OZ; pero incluso, con el camino trazado se veía completamente perdido —en más ocasiones de las que le gustaba admitir—, aturdido, desorientado e incluso aburrido. Una sensación de la que había huido y con la que pensó que nunca se encontraría en el camino del emprendimiento.

Esa angustia entraba por el peor de los caminos: a través de la saturación, la cantidad ingente de problemas pendientes de solucionar, por el enorme flujo de datos que necesitaba asimilar y la formación requerida para hacer bien el trabajo. En definitiva, y como

EL EMPRENDEDOR QUE NUNCA EMPRENDIÓ

siempre le solía ocurrir, se sentía apabullado y sin resultados positivos, a pesar de haber avanzado mucho en el camino.

Entendía, muy a su pesar, que los resultados no llegaban porque el trabajo no estaba bien hecho. Ahora estaba convencido de que su página web era un auténtico desastre. Su imagen global no parecía profesional en absoluto, por lo que la empresa que estaba detrás no daba una imagen seria ni fiable. Aunque las pestañas que había instalado eran las que quería, algo fallaba con ellas y no lograba evaluar que era. ¿Disposición o estructura? No lo sabía con certeza. En lo que si estaba completamente claro, es que si se encontrara una web como la suya navegando en Internet, se iría rápidamente a buscar otra con mejor aspecto.

Su sitio no tenía personalidad y su modelo de negocios quería abarcar a un sector de público demasiado amplio, sin concretar nada o segmentar la estrategia entre un público empresarial o particular. Los textos eran poco entretenidos; en algunos casos, demasiado técnicos y en otros, algo infantiles. Sin lenguaje en específico; hablaba de tú o de usted indiferentemente, sin tener claro a quien se dirige.

Al mirar la web, José Andrés se desesperaba. Tanta inversión de dinero y esfuerzo para descubrir que lo logrado era en realidad un

EL EMPRENDEDOR QUE NUNCA EMPRENDIÓ

verdadero desastre. Al final, e inevitablemente, debía acudir al trabajo de un profesional; alguien que diseñara la web que él quería y entusiasmara a su audiencia. Pero ¿cuál era su público?, ¿dónde estaba su cliente potencial?, ¿cuál era el tan famoso buyer persona de su negocio?, ¿a quienes iban dirigidos sus servicios? «Un poco tarde» pensó. Pero era el momento de definir cuál era el nicho específico de clientes al que debía dirigir su estrategia de marketing. Este era un examen que tenía pendiente desde el inicio y que debía plantearse y aprobar para continuar. Sin embargo, aún no se había preparado para dar una respuesta concreta a estas preguntas, que le permitirían desarrollar el negocio a sus anchas y acceder a los servicios de un profesional.

EL EMPRENDEDOR QUE NUNCA EMPRENDIÓ

8

SEA COMO SEA, AVANZAR

Pasaba el tiempo y José Andrés se decía a sí mismo que lo había dejado pasar queriendo, para dejar reposar un poco el proyecto, de modo que se adaptara y tomara forma de forma espontánea; dejando de ser tan solo una idea para que, en su lugar, proyecto y emprendimiento fueran la misma cosa.

El trabajo descansaba en un cajón, dormido y de vacaciones. Y es que José Andrés, por otra parte, tenía que aferrarse a lo que tenía: una vida de ciudadano normal y corriente, con un trabajo prometedor en la consultoría. Ya había recibido una llamada de atención. Con mucha sutileza y decoro, su tío le había dicho que se centrara y se mantuviese al día, pues había mucho trabajo atrasado y clientes esperando.

—Si no quieres este puesto, no te preocupes. —Le participó Alfredo, su jefe-tío con una sonrisa— Vete libremente cuando quieras que ya encontraré algún sustituto.

José Andrés, el eterno emprendedor y actual secretario, entendió la amenaza no tan disimulada y se dijo que, con la edad que tenía, la novia que ya pedía una vida en común y con la incertidumbre de su gran proyecto en stand by, debía ponerse las pilas, reflexionar sobre sus prioridades y contentar a su jefe. Creía que debía pensar más como las personas normales: proyectos de familia, mantener su empleo intacto y seguir adelante con los compromisos que la sociedad impone. En ese momento de presión, consideró que lo mejor sería dejar el proyecto de empresa como una afición. Un recurso para pasar el rato. Que avanzara, pero sin necesidad o urgencia con la que hasta ahora venía presionando la cabeza y el espíritu de José Andrés.

No lo abandonaría, eso nunca. Seguiría pensando en fórmulas y acciones que lo hicieran progresar, a su ritmo actual de vida y tomándose el tiempo necesario; sin dejar que colapse el resto de actividades que cualquier individuo que vive en sociedad debe realizar y a las que se sentía obligado. En definitiva y después de pensarlo detenidamente —como con todo lo que hacía—, cambió su perspectiva y se prometió a sí mismo actuar con más calma y pensar reposadamente sobre cada acción para que no volviera a ocurrirle los mismos fallos y errores cometidos. Para que todo el tiempo y esfuerzo dedicado rindiera frutos y no volviese a perderlos en un proyecto que en realidad, no valía para nada. Su web, más que atraer posibles clientes, los espantaba, lo cual era horrible para la marca. Eco Revolution System no podía dañarse en ninguna circunstancia y mucho menos por una mala imagen que solo proyecta dejadez, poco profesionalismo y desidia.

No. No podía volver a cometer errores como el de aquella página sucia, desperdigada, sin estilo alguno, con poca y mala información. Había cosas que él no sabía hacer, estaba claro y debía aceptarlo. El diseño web era una de ellas. Antes de que siguiera haciendo más daño o sin lograr nada —después de dos años de empeño— activó el plugin de Wordpress que cerraba la página a las visitas con un cartel estándar de obras; a la espera de contar con la colaboración de un profesional.

Seguían pasando los días, semanas y meses. En cada momento en que caía en consciencia, sentía un pinchazo en el corazón. La terrible sensación de que perdía el tiempo en esa oficina mohosa no lo abandonaba. Sentía la garganta seca y un vacío en el pecho cuando se acordaba —bastante frecuentemente— de que tenía una web cerrada, que su negocio no avanzaba y que debía pedir ayuda.

Comenzó a plantearse seriamente la posibilidad de contar con un socio. Una persona que le acompañara en este viaje, alguien que cumpliera una serie de requisitos que lo hicieran válido para recibir, en depósito, el tremendo regalo que él le iba a entregar: un proyecto empresarial condenado al éxito.

La persona ideal debía pasar por el filtro de ser algún amigo con el que se llevara bien; al que supiera cómo manejar y estuviese seguro de que no se apoderaría de la idea para llevarla a cabo por sí mismo, dejándolo de lado. Alguien que tuviera los dones que a él le faltaban, pero que siempre se mantuviera fiel a su lado; entendiendo que él, José Andrés, era el jefe indiscutible de la organización. Que lo único que debía tener claro era que debía obedecer. Aportar de sus capacidades, si. Pero en todo momento, simplemente obedecer.

Para empezar, debía saber algo —o mucho— de desarrollo web; para que comenzara a trabajar en la web de inmediato y bajo parámetros e ideas ya conocidas, que había tratado de implantar sin ningún éxito.

Su trabajo en estos momentos, se limitaría con prioridad absoluta a localizar a ese posible compañero de empresa, y lo que sería aún más difícil: convencerlo sobre la viabilidad de la

idea, de las posibilidades que tendría a su lado
y del buen dinero que iban a ganar; pero que,
por ahora, sólo tendrían que trabajar sin recibir
remuneración alguna. Le prometería lo que hiciera falta. Fuera
como fuese, tenía que avanzar. Ya había que-
dado suficientemente claro que solo no podía
dar un paso estable, que estuviese bien hecho
y que fuera definitivo. Había aprendido muchas cosas en el camino, y eso sí era bueno y
ventajoso; pues nadie podría quitárselo. No hay
mayor verdad que la de considerar a la experiencia como la mejor de las escuelas. Lo poco
y mal hecho que había logrado, le había servido como ciclo formativo. Estaba mejor entre-
nado, más capacitado, con ideas más claras
sobre lo que quería y del entorno en que se movería.

Mientras buscaba entre amigos, conocidos
y familiares al candidato perfecto para su empresa, también dedicaba tiempo a una de sus
asignaturas pendientes: definir quién formaba
parte de su clientela. Debía registrar en su
mente al cliente perfecto y, a partir de ahí am-
pliar el círculo de clientes potenciales a los dirigiría sus campañas de publicidad y
promoción correctamente segmentadas.

En la oficina, de cena con su pareja, pin-
tando el apartamento que acababan de alquilar,
en la casa de sus padres cuando los iba a

EL EMPRENDEDOR QUE NUNCA EMPRENDIÓ

visitar... Siempre tenía un ojo en la búsqueda y captura de aquel soldado para llamarlo a filas. Cuando encontraba un espacio en sus compromisos sociales y quehaceres laborales, sumaba posibles empresas, particulares o clientes que de un modo u otro, pudiesen estar interesados en su oferta comercial. Paralelamente y con la misma intensidad, perfeccionaba razones y métodos efectivos para convencer a cualquier persona o entidad, de la conveniencia de contratar sus servicios.

Sin apenas percatarse de ello, el tiempo seguía pasando y con él, el proyecto empresarial perdía fuerza y relevancia en su vida. Había entrado en la rutina de una vida común. En el círculo vicioso e imparable de despertar, pareja, desayuno, trabajo, almuerzo, trabajo, cena, pareja, sueño. El día de la marmota de Bill Murray, se establecía como norma de lo cotidiano, empujando todo lo que no se había transmutado en habitual hacia la periferia de lo real; casi sin interés y sin ocupar demasiado espacio vital. Lentamente desaparecía en el recuerdo la importancia que una vez tuvo su destino empresarial.

No lo olvidaba. De algún modo permanecía latente en un rincón de su cabeza como su proyecto estrella sin finalizar que esperaba una nueva oportunidad para ser retomado de nuevo, con un trayecto más sencillo y posible.

EL EMPRENDEDOR QUE NUNCA EMPRENDIÓ

Seguía al pendiente de encontrar a esa persona que le ayudaría a progresar, como fuera, el proyecto de empresa. Un personaje que era más necesario que nunca, puesto que ahora tenía menos tiempo y fuerzas para desarrollarlo. No podía. No debía abandonarlo por completo. Por él mismo; para no sumar una derrota más en su vida. También por sus amigos y familiares, a los que tanto había hablado de sus ideas y de sus proyectos, vendiendo la piel del oso antes de ser cazado y quedando como un «cazador de pajaritos». Un iluso que no completaba nada de lo que empezaba, como sucedió tantas veces en el pasado, y que su padre le había echado en cara varias veces.

Esta vez maldecía, porque no podría evitarlo. Todos volverían a pensar que no servía más que para ocupar un puesto regalado, al que había accedido «por enchufe» y no por valía. Que todos esos proyectos se quedarían en nada, al nivel de él mismo; un nada, un nadie más que habitaría este mundo sin dejar huella, aparte de la de su propia contaminación. La misma huella ecológica y mundana de todos los seres humanos sin valor; sin memoria para la sociedad, pero inolvidable y horrible para la naturaleza.

Ninguno de sus sueños ha sido cumplido. Ni el de empresario, ni el del héroe que salva al planeta. Un cero más que añadir a los miles de

EL EMPRENDEDOR QUE NUNCA EMPRENDIÓ

millones de almas que pasaron por este mundo en silencio, sin utilidad ni trascendencia. El barco vikingo que era su mente, volvía a verse envuelto en una de esas brutales tormentas de desaliento, en las que el mareo y el desatino lo nublan todo. En el que solo se puede descansar en islas de desconsuelos para náufragos sin esperanza. Se acabaron los destinos de tesoros y riquezas, de prosperidad y popularidad. Tendría toda la verdad y el «no vales para nada» —que a veces leía en sus miradas—, quedaría irrefutablemente unido a una vida de fracaso.

***

Después de un tiempo, el ascensor que lo bajaba a las profundidades abismales de los siete infiernos parecía haber perdido freno. Pero como suele ocurrir, en los momentos más oscuros, cuando la noche se cierne sobre el soldado mal herido, la luz vuelve a señalar la vida y ofrecer, con el ejemplo de un nuevo amanecer un nuevo día en que todo es posible una vez más.

En esta ocasión, esa luz de nueva esperanza llegó de la mano del hijo de un vecino. Un joven informático. Un nerd o un freak; como quieran que ahora se llamen los más espabilados de la clase. Un joven tímido y apocado, pero con un gran potencial, que cumplía

EL EMPRENDEDOR QUE NUNCA EMPRENDIÓ

con los requisitos que necesitaba para que la empresa volviera a respirar. Coincidieron en una reunión de vecinos. Los padres del muchacho se lo presentaron como un caso perdido. Un chico adicto a Internet, al porno, al manga y las series de anime. Pero que se las había arreglado para crear una aplicación para móviles, que aunque no sabían para que servía, le generaba ganancias de 300 euros al mes sin tener que mover un dedo; gracias a la publicidad que llevaba añadida y por la que le pagaban cada vez que algún usuario de la aplicación hacía clic sobre ella. Por estar en un lugar idóneo y difícil de evitar, solía ocurrir con bastante frecuencia.

Aquello iluminó la cara de José Andrés que le propuso allí mismo si quería colaborar con él en un proyecto online que tenía iniciado. Remarcó varias veces la palabra colaboración, dado el caso no creyó oportuno ni necesario ponerlo de socio. A los padres les pareció una buena oportunidad para que aumentara su círculo de amistades, casi inexistente, y además comenzara de algún modo a conocer el mundo laboral real, como ellos mismos dijeron. Al chico eso no le importaba demasiado, según le comentó después.

En cierto modo, aquello le alegró, puesto que sus padres ya no insistirían todos los días en que tenía que salir de su habitación para

71

relacionarse, buscar un primer empleo. Ahora que tenía todo eso, ya no debía salir del bloque de pisos donde ambos vivían. Quedarían en reunirse los martes y jueves a las ocho, cuando llegaba José Andrés a casa después de dejar la consultoría para ver qué podían hacer para mejorar la web.

Dicho y hecho. Antonio Ramón —Ramón para los amigos y Sir Roman para Internet—, se presentó puntualmente en la puerta, entró en la web y pasó apenas unos diez segundos mirándola. Después se giró hacia José Andrés y mirándole directamente a sus ojos, le preguntó:

— ¿Qué quieres que haga con esto?

— ¿Tan mal está?—preguntó el propietario de la web.

—Mejor no tengas nada— le contestó el muchacho.

Apagaron el ordenador y conversaron sobre el proyecto en sí. ¿Cómo traspasarlo a la web de forma atractiva y que escale posiciones en Google? El chico afirmaba que todo se podía hacer, pero para alcanzar las posiciones encabezadas debía pagar para colocarse directamente con una estrategia SEM, o tendría que esperar al menos ocho meses con SEO para un exitoso posicionamiento orgánico. Pero esto último tampoco le saldría gratis, pues al debía contactar a   empresas que trabajasen el linkbuilding. Lo demás podría hacerlo él y, con dos horas semanales gratis, podría ampliarse el plazo hasta dos años para que la web fuese relevante y generara tráfico.

José Andrés trató de seducirlo con promesas de futuro: si la empresa funcionaba, irían a medias, tendría participación en ella y obtendría un buen sueldo; pero Ramón no se dejaba convencer. Alzaba las cejas y afirmaba con desgano:

—No me interesa hablar de dinero aquí y ahora. Soy estudiante y no dispongo de mucho tiempo.

Seguirían avanzando lentamente, Pues se había comprometido con sus padres y con él para colaborar con esta web. A Ramón le importaba, pero no tanto como para dedicar demasiadas horas sin remuneración alguna.

—Espero que lo entiendas.

A José Andrés le entraron ganas de echar a patadas a aquel chico vestido completamente de negro y con flequillo de cortina; pero recapacitó. No quería ofenderlo. Era lo único que tenía y puede que, con el paso del tiempo, se fuera interesando o incluso pudiera llegar a pagarle algo si lograba resultados. No podía olvidar que era la persona que le había devuelto la ilusión por un proyecto que parecía muerto, por lo que decidió cuidarlo, ganarse su amistad y empezar a trabajar.

EL EMPRENDEDOR QUE NUNCA EMPRENDIÓ

Le prometió que en cuanto entrase algo de dinero, el primer capital que llegase, gracias a la web, sería para él, algo que consideró un buen caramelo; una zanahoria que poner delante de su nariz para que se involucrara un poco más en el trabajo de diseño y posicionamiento tan importante, para comenzar realmente a caminar.

Él también le pidió a José Andrés que comenzara a trabajar. Le dijo que tenía que aumentar la cantidad y calidad del contenido. Que navegara y comparara páginas relacionadas con su temática; adaptándolas a su forma de escribir. Que no buscara agradar tanto a las futuras visitas, sino más bien encontrar su propia identidad como escritor. Que se dirigiera al público de forma individual, tratándolo de tú, con cierta familiaridad, pero sin perder el respeto ni excederse en bromas. Debía conectar con el usuario de la página y cliente potencial y para ello no se podía mentir. Tendría que encontrar un estilo que lo definiera y distinguiera de la posible competencia existente.

Le recomendó que siguiera a copywriters famosos como Maider Tomasena, Javi Pastor, José Fachín, Rosa Morel... Que leyera y aprendiera todo lo posible de sus posts y comprara algunos de sus ebooks y cualquier material instructivo que ofrecieran. Debía aprender a escribir para las arañas de Google, para vender un producto y para entretener al lector; todo al mismo tiempo. Con estos tres pilares, conseguiría tener post completos y útiles para el blog y, por tanto, para la web.

Debía disfrutar con los artículos que escribía, porque tendría que escribir muchos. Centrarse em aumentar el número de visitas con la calidad de sus textos y con técnicas SEO para la escritura, haciendo que la gente sintiese curiosidad por los artículos actuales y futuros; esperando el siguiente post para aprender, disfrutar e incluso reírse con sus ocurrencias; sin convertirse en un mal payaso o forzar un humor sin sentido.

También debía generar confianza y evitar errores gramaticales y de contenido. En lenguaje sencillo, no podía mentir ni exagerar la realidad. Ser conciso y útil, estar a la última y responder inmediatamente a los comentarios y preguntas que pudieran hacer los usuarios de la página. Hacerlo con elegancia y educación. Si no tenía las respuestas, evitar mentir o evadir la pregunta; simplemente debía decir claramente que no dominaba el tema, pero que investigaría para encontrar la respuesta. También tendría que pedir perdón por los errores y ser humilde.

El contacto con la audiencia era primordial para convertir sus leads a potenciales clientes. Esto lo obligaría a estar siempre al pendiente

EL EMPRENDEDOR QUE NUNCA EMPRENDIÓ

de la web, del correo electrónico y de las llamadas telefónicas que pudieran darse. Eco Revolution System se convertiría en parte de su vida. Igual que un bebé, necesitado de cuidados, afecto y caricias, este proyecto también requería un esfuerzo permanente.

El chico le estaba dando una clase de ingenio, experiencia y sabiduría que lo estaban dejando fuera de juego. Le decía todo aquello con aplomo profesional, como advertencia del modo de vida que se le venía encima. Encendió de nuevo el ordenador y entró en la página. Como un autómata se puso a describir todo lo que había de malo en ella, al tiempo que ofrecía las posibilidades de mejora. Por ejemplo, no había enlaces internos para que el lector continuara leyendo sus áreas de interés o entrara en la tienda virtual; debía crear algunos artículos publicitando los productos. Incluso, debía escribir reviews positivas sobre los artículos de la tienda que más dinero podían generarle. Dar consejos y hablar de forma velada de lo necesario que era su trabajo a nivel profesional...

Eran tantas cosas las que debía cambiar, que después de aquella reunión se sintió abrumado y dolido. La web estaba mucho peor de lo que suponía. Era tan grande la retahíla de fallos y estupideces que había cometido y que Ramón le espetó con total indiferencia; que en verdad se sintió insultado. Se cabreó y llegó a

EL EMPRENDEDOR QUE NUNCA EMPRENDIÓ

preguntarse por qué ese muchacho del demonio no se callaba de una vez. Le entraron verdaderas ganas de abandonar el proyecto. Si tan mal hacía las cosas, quizás lo más sensato era abandonar el proyecto definitivamente, para dedicarse a esa gris vida anodina que no carecía de cierto encanto. La tranquilidad de una vida en pareja. Una existencia sin presiones ni objetivos. Tan sólo con un suave y agradable tic tac del reloj que marcaba poco a poco, el final del camino. Planificar vacaciones, escapadas de fin de semana, intentar pedir un aumento, buscar un hijo... Nada de eso era tan malo. Era un camino más sosegado y, probablemente, le procuraría más años de vida que proyectos estresantes y difíciles de llevar a cabo.

Cuando Ramón al fin salió de casa, dejando tras de sí un característico y suave aroma a masturbación y crema antiacné, José Andrés se sintió realmente aliviado. Cerró la puerta, una vez programada la cita para la semana siguiente, saltándose uno de los dos días que al principio habían acordado. Debía digerir aquel sopapo de realidad, y para después decidir con cabeza fría, si continuar con esta locura o abandonar definitivamente esa página web y todo lo que representaba.

Había pasado mucho tiempo desde que registró el dominio y dedicado mucho esfuerzo

EL EMPRENDEDOR QUE NUNCA EMPRENDIÓ

en tener lo que a todas luces era una auténtica pérdida de tiempo. Ya no se planteaba aquello del «sea como sea, había que avanzar». Ahora tocaba el turno de plantearse si realmente merecía la pena continuar en algo que cada vez tenía menos posibilidades de ver la luz.

***

José Andrés dejó entrar al muchacho un par de veces más, pero no insistió. Ramón hizo algunos arreglos que él aprobó sin demasiado convencimiento. Su cabeza ya estaba en otra parte, esperando la hora en que se iría Ramón para apagar el ordenador, olvidarse de aquello y refugiarse en los brazos de su mujer, con la televisión siempre encendida, y la esperanza de que esta vez, un hijo decidiera formar parte de la familia.

Dejó de prestar atención a su proyecto. Requería demasiado de él en un momento en que no tenía nada que ofrecer. Mucha dedicación y altos desembolsos que no estaba seguro de poder recuperar. Pensó que había puesto el listón demasiado alto. Que nadie puede, con tan pocos recursos, abarcar algo tan grande. La idea le seguía pareciendo magnífica, pero irrealizable en estos momentos, sin capital y sin una ayuda verdaderamente profesional. Pensó en pasarlo a papel y vendérselo a alguna empresa

EL EMPRENDEDOR QUE NUNCA EMPRENDIÓ

interesada, aunque desconocía si eso era posible. No conocía personas u organizaciones que compraran ideas y proyectos para llevarlos a cabo. Suponía que sí, pero la desidia y la pereza ya se habían instalado en el cuerpo y la mente de José Andrés. Él no movería un músculo más, al menos por ahora.

Se dedicaría a su familia y a disfrutar de la monotonía. Si se le ocurría otra idea, otro motivo para intentar emprender, debía ser todo mucho más sencillo y abarcable; que no le resultara una molestia, lo agobiara o preocupara. Un proyecto sencillo, que le procurara algo de dinero y con el que disfrutara de verdad. Eso de cambiar el mundo ya se acabó para él.

Ahora, desde la distancia contemplaba lo que quería cubrir con esa empresa. Se dio cuenta lo estúpido y arrogante que había sido. ¿Cómo se enceguecó pensando que era posible algo así? ¿De verdad no se detuvo y pensó que incluso para empresas con personal cualificado, herramientas de última tecnología y recursos económicos sería difícil de lograr?

Había conocido compañías que se ocupaban tan solo de una pequeña parte de su magnánimo proyecto y funcionaban muy bien. Algunas se encargaban de ajardinar techos de edificios, organizando huertos y plantando árboles frutales. Otras, solo vestían de bosque y flores los espacios públicos, trabajando con

EL EMPRENDEDOR QUE NUNCA EMPRENDIÓ

entidades del estado. Y pocas, pero con mucho capital, se dedicaban a promover las instalaciones solares a industrias y conjuntos empresariales y residenciales.

Para él y su proyecto, aquellos servicios solamente era uno de tantos que ofrecería; pues en aquel momento de ceguera, consideraba a esas empresas —que hoy día están bien y funcionando— menores que su idea de empresa. Pensaba, negando suavemente con la cabeza, lo poco centrado que había estado y cómo había obviado la realidad para creer en un mundo de fantasía imposible de llevar a cabo.

De todo se aprende; y de las derrotas más que en ningún otro sitio. Como dijo el propio Cervantes en boca del famoso hidalgo: «no hay libro tan malo que no enseñe algo». De esta manera, José Andrés decidió tomarse esta infructuosa aventura comercial como un aprendizaje; que aunque no lo había llevado muy lejos, sí que le había dado bastante experiencia y conocimientos. Lecciones que más allá de la teoría, podrían ser vitales en el futuro.

Había aprendido mucho sobre Internet; y si volvía a intentar un emprendimiento, sería de gran utilidad para ello. Una sola cosa estaba clara: nada de lo que se haga en el siglo XXI puede estar fuera de la gran red global, pues Internet es un hábitat propio. Un ecosistema

EL EMPRENDEDOR QUE NUNCA EMPRENDIÓ

con sus propias leyes, que no para de crecer. José Andrés sabía cómo funcionaba gracias a ecorevolutionsystems.com y en un futuro, podría montar una web sencilla. Quizás una tienda online de productos ecológicos o tomar una de las divisiones que poseía Eco Revolution System para profundizar en ella y hacerla crecer; con tranquilidad y de forma segura, sin pedir o aspirar demasiado alto.

Pero no ahora. Luego que descanse lo suficiente y la mirada de su mujer deje de ser un reproche por las horas muertas que pasaba frente al monitor, una empresa web será la mejor manera de dar salida a su innegable espíritu emprendedor. Pero no ahora. Es tiempo de descansar. De olvidarse de todo y salir a cenar, al cine, a la playa, al campo... Era el momento de ver a la familia sin hacer comentarios absurdos de proyectos por cumplir. Solo para saber cómo les va a ellos en la vida y compartir las experiencias que vivía en la gestoría y en su hogar.

Mas adelante podría emprender. Hoy solo necesitaba salir de compras, preparar la habitación del pequeñín que no tardaría en llegar... Mas adelante, la web podría tratarse de alguna cuestión habitual que ocupa la vida del ciudadano promedio. Eso siempre sería de interés para un número importante de personas.

EL EMPRENDEDOR QUE NUNCA EMPRENDIÓ

Mientras tanto, pensaría en un nicho específico y poco explotado; en el que pudiese posicionar su proyecto rápidamente y convertirse en líder de sector. Cuidados de bebés, economía familiar, consejos ecológicos, una tienda de los productos más respetuosos con el medio ambiente, un blog de noticias referidas a la salud del planeta... Tenía que pensar en uno y ponerse a trabajar. Pronto. Pronto debía hacerlo, pues el tiempo pasa rápido.

Pero no hoy. José Andrés solo necesitaba descansar y dejar de pensar en proyectos web que ocupan todo el tiempo que debería dedicar a sus seres queridos.

Podría ser un blog de consejos sobre cómo optimizar el tiempo, el dinero, los recursos... Podría llamarse vidaoptimizada.com o mejor podría llamarse... No. Hoy no. Es momento de descansar.

EL EMPRENDEDOR QUE NUNCA EMPRENDIÓ

9
LA CABRA TIRA PARA EL MONTE

Pasaron más de seis meses en los que no encendió el ordenador más que para pasear por Facebook, mirar el correo y, en ocasiones puntuales, trabajar en algún tema atrasado de la oficina.

Su jefe-tío había vuelto a confiar en él. Le había confesado en la cena de Navidad —con una copa de más encima—, que estuvo a un «plis» de echarlo a la calle. Recordó entre risas y con aliento a Ron Bacardí, cómo había pasado la noche anterior sin poder dormir, y cómo, afortunadamente, reaccionó tan positivamente aquel día. Comentó lo mal que lo había pasado al tomar esa decisión, pero que no había tenido más remedio que echársela; pues la mayor parte del tiempo él, su sobrino favorito, parecía un verdadero zombi. Sin pegar un

EL EMPRENDEDOR QUE NUNCA EMPRENDIÓ

palo al agua, con la mirada perdida en el vacío y los informes acumulándose sobre la mesa. Gracias a Dios —repetía Alfredo—, aquella fase tuya se fue. Ahora ¡mírate sobrino! Hecho todo un asesor fiscal, laboral y contable. Aquella frase resonó en sus oídos y quedó rebotando con efecto eco dentro de su cabeza. ¿Y si ofreciera estos servicios por Internet? ¿Y si abriera su propia consultoría online? Tenía la capacitación y la experiencia necesarias. Conocía Internet y el funcionamiento de las webs... ¿Qué podía salir mal? Estas preguntas resonaban en su cabeza mientras su tío seguía abrazándolo y achuchándolo como a un perrillo, casi gritando por lo contento que estaba de tenerle en plantilla. De repente se detuvo en seco, guardó silencio y lo miró arrugando las cejas.

—Esa era tu cara—dijo.

—¿Qué cara?—respondió José Andrés rápidamente, disimulando su emoción interior.

—Coño, la que tenías cuando te convertiste en un mierdecilla, la misma cara de bobalicón con mirada perdida, exactamente la misma. No me asustes, ¿eh?

— ¿Qué dices, tío? Anda ya no digas más tonterías. Solo me he acordado de algo. Tan sólo eso.

Pero, como suele decirse, la cabra tira para el monte y la mente de José Andrés, como una

EL EMPRENDEDOR QUE NUNCA EMPRENDIÓ

maquinaria emprendedora dentro de su cráneo volvía a marchar y él la dejaba funcionar, alimentándola de sueños y esperanzas. Podía escuchar el murmullo de una nueva oportunidad para demostrarse que podía hacer algo por sí mismo. Dejaba que se fuera engrasando lentamente, engordando el proyecto en su cabeza, en completo silencio. Esta vez, uno de los errores que no cometería bajo ninguno de los conceptos sería hacerlo público.

Quería hacer esto solo, sin publicidad ni intermediarios; al menos hasta que estuviera completamente formado y no caer en la tentación de volver a publicar sus deseos antes de hacerlos realidad; para no sufrir presión por decir algo y sentirse obligado a cumplirlo solo por el que dirán. Quería mantener el secreto para no convertirlo en una obligación social y no tener que percibir las miradas de dudas que dirían en silencio: «¿otro proyectito más?», «veamos cuánto te dura esta vez» y cosas parecidas.

Pero más allá de la prudencia, la determinación de mantener el secreto estaba motivado por algo mucho más delicado: no sabía cómo reaccionaría su tío cuando descubriera que tenía la competencia en casa. Que dormía con su propio enemigo, y este, quizás recopilara información sensible de sus ficheros. Si se enterase de lo que planeaba, no le gustaría en

86

absoluto y le ayudaría él mismo a empacar sus cosas, acompañándolo en el camino hacia la puerta principal. Si esto sucede, Alfredo tan solo le desearía suerte y José Andrés caería en desgracia ante el resto de la familia, que lo acusarían como mínimo de mal agradecido, oportunista o traidor.

Por lo tanto, un factor que debía tener en cuenta sería el anonimato. Solo podría hacer público su proyecto, cuando tuviese una cartera de clientes lo suficientemente grande como para poder prescindir del empleo en la gestoría.

De igual forma caería en desgracia; de eso estaba consciente. Pero para ese momento, no le importaría, porque al fin habría conseguido demostrar que podía hacer algo por él mismo: crear una empresa sin ayuda, volverse independiente y autosuficiente. Algo con lo que siempre había soñado y que todos sabían que perseguía sin cansancio; aunque no pudiesen ver los resultados.

Muchos se morderían el labio inferior al tragarse las duras palabras de reproche que habían para con él; escuchándolas durante casi toda su vida. Al fin se sentiría desarrollado y les habría dado una lección a todos los que no creían en él. Solo por eso merecía la pena intentarlo; así que no lo dudó más. Aquella misma tarde, dos años después de su segundo fracaso como emprendedor, volvía a ponerse manos a la obra. Encendió el ordenador para recuperar archivos y datos que podrían volver a ser útiles para su nuevo proyecto.

Se pasó la primera semana leyendo y recordando cómo funcionaba Internet, los sitios online, Wordpress, el marketing online, el posicionamiento SEO... En un archivo de Word, recopiló todos sus antiguos errores, cometidos con ecorevolutionsistem.com. Fallas que no volvería a tener, pues sería un completo imbécil si así fuera. Sólo tenía que recordar y actuar en consecuencia.

Localizó varias agencias de diseño para cotizar diversos presupuestos para su nuevo proyecto online: una gestoría que prestara sus servicios exclusivamente por Internet. El nombre, como siempre, planteaba un problema más difícil que el proyecto anterior. En este caso, además de los requerimientos que debía tener su marca, se presentaba un añadido adicional. Debía elegir entre un nombre que anunciara el nicho de mercado —gestorías online— o el de una marca propia. La primera opción posicionaba mejor y más rápido; pero la segunda le confería un punto más profesional y duradero. Un nombre de marca permitía suponer que era estable y confiable. Como norma general eran usados por aquellas que ya

EL EMPRENDEDOR QUE NUNCA EMPRENDIÓ

estaban instaladas en el mercado con una oficina física, igual que la de su tío. Haciendo uso del nicho, arrojaba combinaciones como «tugestoríaonline.com». José Andrés suponía que, para gestiones simples, las personas y empresas utilizarían este tipo de nombres en sus búsquedas y que las marcas físicas estaban encaminadas a promocionar los nombres tradicionales. Al pensar en esto, optó por un nombre enfocado en su nicho, para posicionarlo con facilidad.

Pero una cosa es decidirlo y otra muy distinta lograrlo. Probando la disponibilidad de sus combinaciones de dominio preferidas, se dio de bruces con el primer muro de la realidad: la competencia era brutal, tanto que no quedaban dominios medianamente coherentes que utilizar.

—migestoríafavorita.com
—lagestoríadelautonomo.com
—lagestoríaconfiable.com

Estos dominios eran algunos de los que barajaba y nada lo detendría esta vez. Estaba decidido, con el mismo ímpetu de siempre, con la misma ilusión y convencimiento; pero ahora, con más sabiduría y paciencia. Reconocía en soledad y lleno de orgullo que tenía todo lo necesario para que en esta ocasión el proyecto empresarial funcionase.

EL EMPRENDEDOR QUE NUNCA EMPRENDIÓ

Siguió sumando puntos positivos a su idea. Entre ellas, el poco coste que necesitaría para ponerla en funcionamiento. Sería necesaria una baja inversión si se comparaba con cualquier otro sector de emprendimiento digital. Ahora bien, si quería destacar y vender en este nicho de mercado —y ya le había quedado completamente claro que sobrepasar a la competencia existente no iba a ser tan sencillo—, debía desarrollar un método nuevo. Una estrategia que sorprendiese a la audiencia por su innovación y efectividad. José Andrés debía establecer procesos que encandilasen al cliente potencial igual que lo hace la luz azul con un insecto volador.

También debía asignar una parte de su capital a la promoción de su página. Esto era fundamental al principio, pues «cuando nadie sabe que eres especialista deben encontrarse contigo», pensaba sentado en un banco del parque y acompañado de Pequeño Peludo; que a su vez, ajeno a la emoción de su amigo humano, perseguía sombras y hembras con la mirada, mientras José Andrés lo mantenía atado al banco para tomar notas en su famosa libreta marrón; la misma que había abandonado en un cajón años atrás.

Volvió a encender su viejo y denostado «Don»; pero ahora, de una forma mucho más especializada y compleja. En esta etapa, debía

EL EMPRENDEDOR QUE NUNCA EMPRENDIÓ

saber si una agencia de consultoría estaba destinada al éxito o al fracaso, con tan sólo ver la página de inicio de su web desde el portátil. En esas peripecias virtuales se tomaba horas, a la sombra del enorme sicomoro que presidía el Parque de las Tres Culturas, el más alejado del centro. Aprovechaba para pasear al pequeño perrito que habían adoptado, con el fin de aplacar un poco su tristeza y la de Miriam; pues la naturaleza les negaba la alegría de un chiquillo. Además, podía estar lejos de la gestoría, ubicada en el mismo edificio donde su tío vivía; para de esa forma, disminuir las probabilidades de encontrarlo.

Escribía y reproducía en croquis más o menos entendibles, las webs que más le impresionaban, apuntando ideas y textos que debían figurar en la suya y los que debía evitar por ser irrelevantes. Quería una web cien por ciento operativa y útil para el usuario. Debía, en la medida de lo posible, destacar entre sus competidores, por la información que ofrecía como plato de entrada y de forma gratuita; demostrando de este modo que sabía de lo que hablaba, que era un experto en el tema y que podían confiar en él.

Debía dar una imagen de profesional por vocación, que ayudaba al necesitado y que para él, lo importante no era el dinero, sino cumplir con una función social al facilitar la vida de la

EL EMPRENDEDOR QUE NUNCA EMPRENDIÓ

gente, de las Pymes y de los autónomos. En un mundo en continua crisis económica, pensaba que la mejor caña para pescar clientes era la que usaría como señuelo: el ahorro. Hacer creer que al optar por sus servicios, se iban ahorrar algo de dinero. Así, si un cliente tenía que elegir entre varios profesionales, lo lógico sería que tomaran al más económico.

Sus servicios se resumían en una gestoría con estructura escalable. Es decir, que pudiese adaptarse a las exigencias del mercado y creciendo a la par de sus clientes; de modo que estuviese preparada para asumir nuevos retos.

Descubrió, en sus idas y vueltas como avezado surfista en las olas de Internet, que las tendencias de mercado apostaban por aquellas empresas y/o agencias que poseían —o al menos se jactaban de ello— una buena base tecnológica para implementarla en sus rutinas de trabajo; optimizando procesos y metodologías diversas. Él también tendría que hacerse con softwares parecidos, de última generación y que fuesen útiles para la gestión que quería ofrecer. También los quería para mostrarlos a sus potenciales clientes; mostrándolos a través de la web para hacerles ver que era una empresa seria, adaptable a los tiempos modernos y que podría ofrecer un gran rendimiento a sus clientes.

EL EMPRENDEDOR QUE NUNCA EMPRENDIÓ

Al evaluar otras áreas, estos programas informáticos los necesitaría realmente, para poder afrontar una gran carga de trabajo y convertir el proyecto en algo grande y rentable, con lo cual obtener beneficios sin verse agobiado, cansado y saturado demasiado rápido. También debía hacer uso de herramientas virtuales más sencillas y otras que le permitieran mantener el contacto humano al que estaba obligado por el tipo de modelo de negocio que tendría. El mail, chat y el teléfono le servirían para lo segundo; y otros recursos que estaba seleccionando poco a poco, podría enfocarlos —sin disminuir la calidad del trabajo o subir el precio del mismo— en muchos procesos; como los de nómina, contables, gestión documentales, etc.

La preparación de pautas y protocolos para optimizar los procesos que hacían a este negocio rentable, era indispensable. Debía sacar el máximo partido a todo y generar beneficios altos; reduciendo al mismo tiempo, los costes que le harían conseguir un margen más amplio de maniobrabilidad para las tarifas; precios reducidos que convirtieran a la empresa en un modelo de negocio realmente competitivo.

Por supuesto, una buena parte del presupuesto inicial, que todavía debía especificar sería invertido en su presencia online, el posicionamiento de la web y la imagen de la marca. Esto es lo que convertiría la gestoría en un referente indiscutible del sector. Si no llegaba a ser líder, al menos sería una de las más visitadas. Gracias a su anterior experiencia en Eco Revolution System, creía tener los conocimientos y la preparación necesaria para hacerlo bien esta vez.

Sin embargo, tendría que profundizar en la creación de campañas y acciones de marketing online, enfocadas en la captación y fidelización de clientes; un tema que aún le ocasionaba un poco de confusión.

Según sus más recientes investigaciones, lo que parecía formar parte de la receta ganadora en el sector de las consultorías online era la velocidad de las soluciones. Cuanto más inmediatas fuesen, mejor. Esa versatilidad para ofertar servicios digitales y tradicionales, permitiría ajustar flexiblemente las tarifas; de forma que se hicieran lo más competitivas posibles, mediante el ahorro de costes al optimizar recursos y las herramientas.

Afortunadamente, para crear una asesoría de cualquier tipo, no requeriría colegiatura o permisos especiales. Al ser una actividad de libre ejercicio, lo único que necesitaba, lo había acumulado con diez años de trabajos forzados. En ese caso, experiencia y formación le sobraban. Las autoridades solo recomendaban la suscripción a un seguro de responsabilidad

EL EMPRENDEDOR QUE NUNCA EMPRENDIÓ

civil; puesto se haría responsable de las gestiones y los resultados de los servicios prestaría a sus clientes. En el mensaje de su página web, debía dejar claro que una asesoría digital era mucho mejor que una física, —las que consideraba sus competidoras directas—. Debía persuadir a sus visitas en poco tiempo dentro de la página, que estaban en el lugar ideal; y que una vez le comunicaran su problema y obtendría una respuesta profesional a su dilema en el mínimo tiempo posible. Ya no tendrían que trasladarse físicamente a ningún despacho, pues su web contaba con todos los servicios que una gestoría proporciona y se adapta a las necesidades y prioridades de cada negocio. Con solo tener acceso a Internet —lo que en estos tiempos es algo indispensable, aumentando así sus probabilidades de éxito—, sería posible acceder al asesoramiento y también tendrían la posibilidad de comunicarse a través del correo electrónico, un chat en directo, llamadas telefónicas y videoconferencias. Cuantos más puntos para establecer contacto tuviese, mejor.

Otras de las ventajas que debería señalar, era la posibilidad de que el cliente generara sus propios libros de contabilidad. José Andrés les haría un acceso donde ellos pudiesen crear, enviar y guardar facturas y presupuestos de manera ilimitada, así como conciliar los movimientos bancarios junto a las facturas, gestionar su propia actividad económica diaria y otros procesos relacionados.

Debía asegurarse de que su hosting no sufriese caídas y fuese muy seguro; pues uno de los aspectos fundamentales de este tipo de asesorías online, no era otro que el de poder ofrecer una disponibilidad horaria total. El cliente debía tener la certeza y tranquilidad de poder acceder a su cuenta las veinticuatro horas del día, los 356 días del año. La plataforma siempre debía estar activa. Con esto, evitaría a sus clientes citas y reuniones en horarios y fechas molestos; facilitando la coordinación con el asesor, sin depender de su disponibilidad, dándole a José Andrés, un tiempo de evaluación y estudio para ofrecer una respuesta más acertada a su dilema.

El ahorro... ¡Siempre el ahorro! Esto debía quedar claro desde el principio y recordarlo cada cierto tiempo. Se debía explicar a la audiencia que una asesoría online siempre sería económica, en comparación a una ofrecida por las gestorías tradicionales. Al no pagar alquileres en locales o empleados fijos, estos ahorros disminuían considerablemente el precio del servicio; en esto incluiría otros costos optimizados, como el tiempo de traslados del cliente a la oficina, el consumo de gasolina, tickets de parkings, valor de los programas y su

EL EMPRENDEDOR QUE NUNCA EMPRENDIÓ

mantenimiento... En esto último, por llevar sus gestiones de manera online, el profesional autónomo no tendría la necesidad de adquirir ni descargar programas de contabilidad.

José Andrés debía hacerle entender al cliente que este tendría acceso a la información en tiempo real, con posibilidades para contactarse de forma directa y personalizada con el asesor online; para, de ese modo realizar con más acierto la toma de decisiones de su negocio. Su gestoría virtual siempre estará abierta y los clientes podrán acceder a sus datos cuando lo necesitasen; controlar sus gastos, ahorrar dinero en sus decisiones y muchas otras características que José Andrés agregaría de forma progresiva.

***

Estuvo tan abstraído en la construcción de su proyecto durante tanto tiempo, que solo al quedarse sin páginas en la libreta descubrió, sorprendido, que apenas quedaba luz natural. Anochecía y ya tenía más de diez llamadas de su mujer en su smartphone silenciado. Lo peor de todo era que Pequeño Peludo ya no estaba. Se había soltado de la correa y no lo veía por ningún lado. Recordó lo que aquellas navidades le había espetado su tío: «eras un zombi». Había vuelto. El muerto que sólo vive en su

EL EMPRENDEDOR QUE NUNCA EMPRENDIÓ

fantasía de empresario había vuelto. Se alegró brevemente, después su semblante se oscureció al igual que el día. El perro... ¿Dónde está ese puñetero perro?

Llamó a su mujer, pidiéndole humildemente disculpas, pero que, en un momento de despiste, se había perdido Pequeño Peludo y había pasado toda la tarde buscándolo; una mentira chica que le venía como anillo al dedo para excusarse.

Esto no le valió más que para ganarse una buena reprimenda, y tomar los tres días siguientes recorriendo las calles de Toledo; colgando fotocopias de la cara de Pequeño Peludo en farolas y paredes, visitando perreras y preguntando a todo ser vivo —lo que incluía a gatos, otros perros y macetas en los balcones— si habían visto a su perro. Al amanecer del cuarto día recibió la esperada llamada: el perro estaba bien, a salvo y podían recogerlo en una vivienda justo al lado de donde se perdió.

Durante todo el tiempo que buscó al animal, jamás llegó a centrarse realmente en lo que estaba haciendo. Se sentía molesto. Quería seguir acumulando información con la que convencer a las visitas de la web para que se convirtieran en clientes. Si durante la misión de búsqueda de Pequeño Peludo no había sido un zombi, poco le había faltado; sí tal vez, un vampiro, sediento de la sangre de la información y desesperado por volver a su cripta: el monitor de su ordenador o su nueva libreta marrón.

Siempre tardaba demasiado tiempo en llegar el momento. En tener una nueva oportunidad de encontrarse consigo mismo a través de la maquinación de un proyecto increíble. Deseaba todo el tiempo aislarse del mundo y continuar donde lo había dejado, mientras sumaba puntos a favor de su asesoría online frente a las tradicionales.

Una nueva palabra le acosaba desde que la leyó por primera vez: «escalable». Una palabra que leía una y otra vez. Moda, tendencia, recurso o ayuda, no lo sabía muy bien. Pero su web, sin lugar a duda, debía ser escalable. Este concepto parecía referirse a la idea de que los servicios de software para su tipo de negocio, debían estar preparados para actualizarse sin perder todas las funciones prácticas que los caracterizaban. Su empresa debía tener apertura para incorporar nuevas herramientas; más específicas o útiles, en la medida en que produjeran cambios significativos en la gestión empresarial. José Andrés asumió también que se refería al aumento de clientes u otros cambios que aún no tenía claro.

Su asesoría online debía ofrecer a sus usuarios, acceso a tan solo una parte de la plataforma que tuviese una curva de aprendizaje pronunciada; o dicho de forma simple, que pudiesen aprender rápidamente todo lo que necesitaban para desenvolverse con facilidad. Por tanto, debía ser muy intuitiva y fácil de manejar en relación a estructura.

Su trabajo consistiría en encontrar un equilibrio perfecto entre el asesoramiento personalizado y la gestión online con un software específico; de modo que sus clientes pudiesen realizar algunas gestiones automáticas sin necesitar de su presencia física o virtual. Al igual que criar un pequeño —se decía, pensando en su próxima etapa como padre— también se debe estar atento a los clientes, ofreciéndoles protección y al mismo tiempo, educarlos para que alcanzaran autonomía para defenderse en lo más básico.

Los precios… De nuevo, se internó en las páginas web que pronto serían su competencia. Allí comprobó que el dinero cotizado por estos servicios «no era para tirar cohetes». Había decidido que su cliente principal serían los profesionales autónomos. José Andrés pensó que ellos eran los que más ayuda necesitarían y quienes, con mayor frecuencia, requerían estos servicios.

Como norma general, las empresas que investigó, cobraban entre 30 y 45 euros por mes; lo que irremediablemente, le obligaba a cobrar 30 o menos. 29 euros le pareció un precio justo,

EL EMPRENDEDOR QUE NUNCA EMPRENDIÓ

de modo que pudiese jugar al viejo truco de la primera cifra: no es un tres sino un dos; un engañabobos que solía tener más éxito del que muchos pensaban. Si no creen, entonces que le pregunten a Amancio Ortega.

Pero además de ofrecer precios bajos, también debía añadir un plus a sus servicios para dar un toque de exclusividad, presentando paquetes de oferta o cualquier estrategia inteligente. En el trayecto, vería qué camino tomaba. Pero de una cosa si estaba casi completamente seguro: los servicios a ofrecer tendrían que ser los de cualquier otro asesor online más ese plus estratégico.

Lo que generalmente ofrecían era facturación, contabilidad, presentación de impuestos, modelos trimestrales 303, 130 y 111, modelos anuales, presupuestos, balances, cuentas periódicas sobre pérdidas y ganancias, aplicaciones de facturación y la estimación directa. Todo esto implicaba atención personalizada y respuestas inmediatas a través de los canales de comunicación que habilitaría para la web.

A partir de este punto, muchos asesores cobraban tarifas extra por cada servicio añadido o paquetes especiales. José Andrés pensó —aun sabiendo la carga de trabajo que ello implicaba—que sería buena idea añadir servicios a su paquete básico al menos al principio; de modo que pudiese lograr una buena cartera de

EL EMPRENDEDOR QUE NUNCA EMPRENDIÓ

clientes y así, subir los precios para los que llegaran posteriormente.

Podría añadir servicios de contabilización de facturas, el alta y la baja en Hacienda, la Seguridad Social y la Declaración de la Renta con el modelo 100. Aunque con lo último podría jugar; ofreciéndolo gratis a los primeros clientes o los dos primeros años de contrato. Debía evaluarlo muy bien y construir diferentes paquetes en los que englobara servicios varios; resaltando la capacidad de adaptación para cada cliente: «creamos presupuestos personalizados, adaptándonos a tus necesidades y minimizando los costes de servicios». Apuntó esta especie de eslogan, con el que daría a entender la flexibilidad de la empresa.

El proyecto iba cogiendo una forma sólida; por lo que dio un paso más, aceptando el presupuesto de una agencia para una web de 450 euros que, en tan solo dos meses, ya estaría funcionando. Solo tendía que enviarles cumplimentado un cuestionario y los textos que quería dentro de cada pestaña.

Estaba henchido de orgullo. Ahora estaba tomando un buen camino. Haciendo realidad su discurso sobre la autonomía y el emprendimiento; aunque solamente fuese independizarse en un empleo en el que llevaba activo más de diez años. Una fórmula menor para

EL EMPRENDEDOR QUE NUNCA EMPRENDIÓ

emprender —admitió para sí mismo— pero igualmente válida.

Planificó paquetes, precios y tarifas sin parar. Aunque su cliente objetivo, o buyer persona, o sector potencial —como diantres lo llamasen los expertos— eran los autónomos, no podía dejar de lado el ámbito empresarial. Las Pymes también podrían ser parte de su clientela; y para ellas, estableció un precio equilibrado con el de otras agencias de su sector. No tenía intención de parecer un «muerto de hambre» mendigando clientes. Estableció el trabajo para Pymes en 145 euros, un poco menos que la mayoría.

En el paquete, ofrecería servicios mínimos como: presentación de modelos trimestrales, resúmenes anuales, impuesto de sociedades, amortizaciones y legalización de los Libros y Cuentas Anuales. A esto, sumaría los costes de servicios, según acuerdos circunstanciales y específicos con cada cliente; un elemento diferenciador que le haría descollar sobre sus competidores; aunque en un principio, se volviese un auténtico jaleo. Añadiría y presupuestaría aparte, procesos como la gestión de asientos contables, contabilidad de facturas y conciliaciones bancarias, por ejemplo.

Existían muchos más campos de actuación y clientes potenciales, pero se sentía agotado. En dos de semanas había escrito todos los

EL EMPRENDEDOR QUE NUNCA EMPRENDIÓ

textos para el sitio web. Y estaba saturado por aquel ejercicio, al ser para su nuevo emprendimiento, una sensación agradable de "misión cumplida" o "labor bien hecha" lo embargó. Se sentía contento consigo mismo y quería celebrarlo. Sin pensarlo demasiado, planificó unas vacaciones espontáneas para descansar. Y, al regresar, encontrar la web completamente montada; gracias al esfuerzo de la agencia de diseño. En ese momento, se dedicaría a las estrategias de marketing online necesarias para captar tráfico.

Tenía confianza en que, una vez lograra una base estable de clientes, con la cual hacer público su proyecto, se despediría de la gestoría de su tío para siempre.

10

CAMBIO DE PLANES

Su mujer merecía estas vacaciones, pues parecía que había algo más que celebrar. Un retraso demasiado largo en su menstruación era motivo para albergar esperanzas. José Andrés alquiló una cabaña en el cercano Parque Nacional de Cabañeros, en la que estarían una semana entera, sin móviles u ordenadores. Se aseguró que no existiese wifi para evitar la tentación de mirar los progresos de la página.

En cuanto a su tío Alfredo José, no tuvo el menor reparo. Incluso se lo agradeció:

—Me haces un gran favor, pues has estado algo despistado estos días atrás. —le dijo con una mirada burlona y desafiante, algo bastante común en él— Nada grave, pero por eso accedo de buen grado a tu petición. Con suerte, volverás de esa semana de descanso, más centrado. Así recibiré al José Andrés de siempre. Trabajador, dispuesto, nada disperso y... Papá.

EL EMPRENDEDOR QUE NUNCA EMPRENDIÓ

No se sorprendió. Miriam se lo había dicho a todo el mundo; a su juicio, demasiado precipitado. No había pasado demasiado tiempo. «Quizás no ha agarrado bien. Ya pasó una vez». En cualquier caso, admitió la felicitación.

—Tal vez a mi también me vendrían bien unas mini vacaciones. Posiblemente, cuando vuelvas, te quedarás a cargo— le sugirió su tío. «Sería perfecto» —pensó el emprendedor y futuro empresario—. Lo tomaría como unas clases prácticas de dirección; lo que le vendría muy bien como experiencia y podría añadir a su currículum en el momento adecuado.

Cuando se lo dijo a su mujer, ella le dio la enhorabuena de forma demasiado efusiva; lo que no comprendió al momento. La miró confundido y ella alzó los hombros con esa pose tan característica de mujer paciente.

—Si te ofrece ese puesto momentáneo, y no se lo ha ofrecido nunca a Garmendia, que lleva más tiempo que tú... A ver piensa, ¿tú por qué crees que es?

A José Andrés le dio un vuelco el corazón. A su tío Alfredo José, asesor la firma Joan Bosh; gerente de Shreider Foods España S. L. que fac-tura más de 320 millones de euros anuales y de las Industrias Cárnicas Tello, con una capitalización supera los 124 millones de euros al año; empresas que ocupaban el primer y quinto

EL EMPRENDEDOR QUE NUNCA EMPRENDIÓ

lugar con mayor volumen de capital de toda la provincia de Toledo, le quedaban poco más de dos años para jubilarse. La vacante de uno de los puestos más deseados de la ciudad quedaría disponible y la primera opción sería él.

Todo cambiaba... ¿O no? Tendría que recapacitar tranquila y seriamente sobre esta supuesta oferta que llegaría, según su esposa, en breve. Darse cuenta de esto lo desequilibró por completo. Una semana que iba a ser para descansar y prepararse para un regreso de emprendimiento con bombos y platillos, ahora la utilizaría para pensar. Recapacitaría si esto era lo que él quería o si seguiría el camino que se había trazado, para demostrar su valía y construir su propio negocio. ¿Elegiría el destino que le correspondía o el regalo de su tío?

Mientras más lo pensaba, lo veía claro. Esa oferta era un detalle. Millonario, eso sí; en agradecimiento por haber dejado embarazada a su esposa. Por pertenecer a la familia correcta. ¿Merecerlo? De ninguna manera. ¿Ganado con esfuerzo o por destacar especialmente en el desarrollo de la profesión? Ni por asomo. Le dolía admitirlo, pero no era justo.

Ricardo Garmendia realmente había sido un empleado fiel, que le había procurado a la firma importantes clientes y había evitado la fuga de otros. Este personaje no cometía

EL EMPRENDEDOR QUE NUNCA EMPRENDIÓ

errores en sus cálculos y acertaba en las predicciones financie-ras. Era un individuo aburrido y con mal aliento, vale; pero era trabajador como nadie y había dedicado su vida entera al crecimiento de la firma.

José Andrés, sin embargo, no era más que el sobrino del jefe. Un empleado común que cumplía con su trabajo —o eso creía al menos—. Con épocas más o menos productivas, pero que nunca destacó por su eficiencia; de eso estaba seguro.

***

Con una taza de té verde en la mano y el paisaje de praderas frente a su cabaña, colocaba en su balanza particular, los pros y contras de aceptar aquella herencia. Por un lado, tendría lo que cualquiera desearía estando en su misma situación. Una gestoría con una excelente cartera de clientes. La vida solucionada, dinero, seguridad y relevancia social. La felicidad de su mujer y su esperado hijo; además, la complicidad del resto de la familia que lo apoyarían y felicitarían por tener tanta suerte...

Suerte.

Por otro lado, se preguntaba si eso era lo que realmente quería y de nuevo la respuesta se dividía en dos. «Por supuesto que si», le

EL EMPRENDEDOR QUE NUNCA EMPRENDIÓ

respondía su cara más dura. Esa que prefería la seguridad, comodidad y tranquilidad que traía consigo un empleo que todos desean. Pero la otra cara. Esa que consideraba más real, más suya y más personal; le decía que luchara por lo que quería. Que dejara de aceptar más regalos que lo rebajaban como persona.

Sí, tendría una buena posición. Pero quienes lo conocían, seguirían mirándolo por encima del hombro, pues lo que tendría, lo había conseguido solo por su cara bonita y no porque realmente se lo mereciera. Pensar de esa manera no era exagerado y le provocaba ardor en el estómago. Una acidez que, con toda seguridad, iría empeorando con los años. Esos valiosos días en los que ocuparía un lugar que no le corresponde. Y si seguía siendo honesto consigo mismo, terminaría con una úlcera que con suerte, lo mataría entre terribles estertores de dolor a la edad de cincuenta años. Sobre un colchón muy caro, eso sí.

Se pidió seriedad pues era una decisión importante. Tomar el camino de la pereza y ver cada día la cara del desgraciado de Garmendia. No demostrar su inseguridad a nadie y vivir con la cabeza escondida entre sus propios hombros en un puesto regalado; una compañía que otro construyó desde sus cimientos. O sacar pecho y decir con la voz alta y clara que no necesitaba regalos de nadie. Que todo aquello que quería, podía conseguirlo por sí mismo; con su trabajo y sus conocimientos. Podría arriesgarse a no alcanzarlo nunca. Acostumbrarse a vivir con la mirada acusadora de su mujer —aunque esto lo tenía asegurado, tuviera éxito o no—, pues ella siempre pensaría que las oficinas del centro eran infinitamente mejores que cualquier negocio online que quisiera tener José Andrés. «Esto podría derivar en divorcio» —pensó apesadumbrado.

La semana de descanso y desconexión, resultó ser un verdadero desastre. No hubo conversación de pareja ni demasiado contacto íntimo. Miriam se sentía defraudada al ver las dudas de su marido, en lugar de estallar de felicidad ante la posibilidad de poder subir ese peldaño en calidad de vida; algo que nunca hubiese siquiera soñado. Pero veía a su marido, dubitativo, callado, mirando a la nada, respirando profundamente; igual que cuando el agobio no permite descansar.

Al tercer día, le preguntó qué es lo que no le estaba contando. Por qué estaba tan callado, serio y con la mirada perdida. José Andrés, aún a sabiendas de la respuesta que su mujer le daría, se lo contó todo. Le habló del proyecto, de que la idea había partido sólo de él y que ya estaba en marcha; la web estaría funcionando en breve y podría sentirse orgulloso de él porque habría conseguido crear una empresa por

EL EMPRENDEDOR QUE NUNCA EMPRENDIÓ

él mismo, Algo que, como ella sabía muy bien, había sido la ilusión de toda su vida. Su mujer escuchó todo el tiempo asintiendo levemente, en silencio. Cuando terminó de hablar, lo besó y fue a la cocina. Preparó un café para ella y otro té para él. José Andrés no sabía cómo tomarse esa muestra de cariño y la siguió. Aguardó unos minutos, hasta que no aguantó más.

—¿Y bien? ¿Qué piensas debemos hacer? Dime algo, por favor.

Ella volviéndose y ofreciéndole una taza llena y cálida le sonrió.

—Bueno, parece que la decisión tú ya la tie-nes tomada —le dijo. Y salió al porche.

Él respiró profundamente y la siguió.

—En absoluto tengo ninguna decisión tomada. Te lo cuento para saber qué opinas y juntos elegir la que creamos más conveniente. Por favor dime, sin miedo, qué es lo que piensas.

Después de otra pausa en la que los nervios de José Andrés comenzaban a rechinar como un viejo ferrocarril, ella lo miró y le dijo:

—Está bien. Lo que yo pienso es que, tomes la decisión que tomes, yo estaré contigo. Para eso y para lo que sea, soy tu esposa.

José Andrés negó con la cabeza. Iba a replicar e insistir que la decisión debía ser conjunta. Pero Miriam levantó la mano pidiendo que se callara, porque aún no había terminado de hablar.

—Te conozco, José. Conozco todos tus defectos y virtudes; que por cierto, andan muy parejas. —Bromeó, dándole una pequeña sonrisa que le hizo temblar el labio— Pero en este caso creo que te equivocas. En primer lugar, me preguntas mi "opinión" solo cuando estás en una encrucijada. Nunca me pediste consejo para armar este proyecto online que está a punto de ser lanzado. Quieres que otro decida por ti mismo, para no hacerte responsable de lo que suceda después. — hizo una pausa, mientras tomaba un sorbo de su taza y José Andrés se recuperaba del duro golpe que sintió debajo de las costillas; justo en su orgullo inflado.

—Y en segundo lugar —continúo Miriam, mirándolo a los ojos—, siendo sinceros amor mío, nunca te han salido demasiado bien los proyectos que has querido sacar adelante. Si me pides la verdad, te diré que desconfío en que este, en concreto, vaya a ser distinto—. Se acercó y sostuvo su rostro— No te sientas mal por esto, pero te conozco. Eres disperso, muy apasionado, no lo dudo; pero nunca te centras en terminar algo. Ni tus proyectos empresariales, ni la solería de la terraza que lleva meses esperando a que la termines, ni tampoco la perfilería de aluminio de la cocina; aunque de eso ya hace demasiado y posiblemente ya ni te acuerdes, pero me da igual. «Te quiero y acepto estas cosas tuyas pues tienes otras muy buenas. Pero no olvides que ahora no estamos solos. Alguien viene pilotando una pequeña nave dentro de mí, y pronto lo veremos aterrizar. Debemos estar en las mejores condiciones posibles para este enano extraterrestre que va a exigirnos mucho a los dos y te necesito conmigo. No puedo... No podemos darnos el lujo de que te vuelvas a perder en tus ensoñaciones. O que un nuevo trabajo te absorba demasiadas horas. Que no colabores y no hagamos juntos esto de criar a un hijo. No quiero hacerlo sola. ¿Lo entiendes verdad?»

Y con esto, José Andrés quedó totalmente desarmado. Asentía con la cabeza a todo lo que su mujer decía y se sentía como un estúpido. Tan enfrascado había estado, metido en su «zombieland» particular, que no había pensado, ni por un segundo, en este aspecto de la vida que se abría ante él de una manera tan abrumadora.

Ni siquiera cuando su tío lo felicitó se lo había tomado demasiado en serio. Ahora sí; la realidad chocaba contra él como un tsunami que todo lo barría y lo enviaba a kilómetros de distancia. En ese momento, sintió como el calor de la conciencia plena recorría todo su cuerpo. Admitía y asimilaba que al fin sería padre, y que, por tanto, todo lo demás debía esperar.

Aunque en el fondo, sabía que podía hacerlo todo: ser un buen padre, un buen esposo y además, un empresario; hizo silencio, aceptando esa dulce reprimenda y el cambio de piel que experimentó en ese momento. Aceptó que debía debería dejar atrás el modo de vida en que él se creía el centro del universo, para cederle el lugar al minúsculo garbanzo que luchaba por quedarse dentro del vientre de su madre. Que acumularía problemas y alegrías, repartiéndolas a diestra y siniestra a medida que fuese creciendo.

El cambio de planes se presentó brutalmente en la vida de José Andrés. No era una curva o una nueva dirección, sino un cambio de plano hacia un nuevo estado de conciencia y estilo de vida; que, mirándolo desde un punto de vista tradicional, era simplemente una evolución. Una experiencia vital que para todo el mundo, solía ser muy positiva.

José Andrés pensó que, a partir de ahora, lo mejor era dejarse llevar por la corriente, aceptar los hechos y seguir siendo uno más que logra una buena posición social por herencia y no por mérito propio. Al alcanzar el «gran

EL EMPRENDEDOR QUE NUNCA EMPRENDIÓ

puesto», ascendería a Garmendia para no tenerlo de enemigo. Le subiría el sueldo y así, todos contentos. Además, lo necesitaba, pues en el futuro, sabía que el vasco llevaría algunos asuntos mejor que él mismo. Con esa decisión, contentaría a su mujer. No tendría que enfrentarse a un riesgo que era bastante elevado, pues el trabajo que le quedaba por hacer era arduo y laborioso. Pensándolo mejor, ¿por qué complicarse tanto, si su vida estaba encaminada por derroteros más complacientes?

Aunque lentamente aceptaba la decisión de seguir con su rutina de trabajo, hasta el momento en que su jefe le diera el control total de la gestoría, no podía evitar un sabor amargo, como metálico, en el paladar. No podía dejar de pensar que había aceptado ese puesto de trabajo por pura cobardía. Por pereza, falta de orgullo y porque en el fondo, era un inútil más que se dejaba llevar por lo que otros dicen, ordenan y mandan.

Al parecer, nunca tendría el carácter suficiente para enfrentarse a todos y hacer lo que realmente quiere. Pensó que el bebé llegó en el momento justo para utilizarlo como parapeto para ocultar la cobardía que le impedía dar el paso. Como una excusa perfecta para favorecer la decisión final de someterse a los dictados de los otros y convencerse a sí mismo con la mentira del «no lo hice por mí. No lo hubiese hecho, pero mi mujer tenía razón. Un niño debe tener seguridad, una familia que le aporte estabilidad en todos los sentidos. Sobre todo en el económico».

Razones no le faltaba para pensar así. Aunque solo había intentado en tres ocasiones crear negocios, dando tan solo unos pocos pasos en pro de hacer realidad su sueño empresarial, no había dejado de pensar ni un día de su vida en esa posibilidad.

La idea era una constante en su mente; como el enamorado de la chica de su clase, que al crecer la ve madurar. Sigue sintiendo ese afecto por ella a través de los años, pero precisamente, por el amor que le tiene, jamás da un paso por intentar conquistarla. Si alguna vez intentare algún tipo de acercamiento, no lo hace con la suficiente intensidad y pasión; y tampoco con la verdad suficiente para evitar perder lo que ya poseía y a lo que ya se había habituado: el anhelo, el deseo, el sueño... Lo que resultaba más hermoso que el mismo objetivo a alcanzar.

Una vez más, José Andrés dejaba de lado su proyecto, descartando el paso definitivo para luchar por lo que merece la pena. Otra vez sería ese hombre que deja sin terminar un sueño para dar prioridad a lo que le exijen los demás.

EL EMPRENDEDOR QUE NUNCA EMPRENDIÓ

Pero sabía que con el tiempo, estallaría dentro de sí alguna nueva y delirante idea. Una posibilidad innovadora de convertir su rutina diaria en algo emocionante a nivel empresarial. Lo sabía y lo daba por hecho. Toda una vida con un deseo latente que no se iría tan fácilmente por la parte de atrás; sin ruido, ni aspavientos. Sabía que guardaría un tiempo de luto, escondido detrás de la rutina, pero siempre a punto. Como una bomba de la Segunda Guerra Mundial enterrada, intacta en la arena de alguna playa y con su dispositivo de detonación en perfecto estado.

Volvía a entrar en un periodo de paz y sosiego; en el que disfrutaría los primeros años de vida del nuevo ser que tanto había tardado en decidirse a llegar, dándole amor y ternura sin medida. Ahora tocaba dedicar tiempo a su mujer; a cuidarla y hacerla feliz. Debía fortalecer su posición en el trabajo, para hacer ver a todos que en verdad merecía el puesto. Que, aunque fuese regalado, no había mejor opción que él. A menos que se le comparara con Garmendia, y se pensase que los dos —y no sólo él— merecían ese puesto.

Tenía ahora un nuevo proyecto que sacar adelante. Si lo miraba así, se sentía un poco satisfecho. Por un lado, debía lograr la conciliación familiar y por el otro, alcanzar la estabilidad laboral. Ganarse la confianza de su

EL EMPRENDEDOR QUE NUNCA EMPRENDIÓ

mujer, compañeros de trabajo y del propio Alfredo José era primordial para lograrlo. Así, podría mirar a los ojos a todos, sin sentir vergüenza. Se esforzaría al máximo. Tenía dos largos años para conseguirlo.

11

DOS AÑOS PASAN PRONTO

Dos años pasan pronto. Sobre todo cuando se entra de lleno en una rutina de costumbres, donde las prisas están a la orden del día. Cuando se tiene un objetivo laboral y se coloca todo el empeño en alcanzarlo. Cuando, al llegar a casa, deseas tener todo en perfectas condiciones, ordenado y limpio. Cuando tu mujer no puede hacer grandes esfuerzos por un embarazo de alto riesgo y no tiene más remedio que pasar la mayor parte del tiempo tumbada, moviéndose con precaución. Cuando todo el trabajo recae en tus espaldas, te das cuenta que, realmente tu vida ha cambiado.

Un día —y por primera vez en seis meses— consiguió salir a compartir una cerveza con su antiguo amigo Jaime. Había dejado a su mujer al cuidado de su suegra y disfrutaba de una caña con aceitunas en el bar de la esquina. Le resumió a Jaime lo mucho que había cambiado su vida. No se podía quejar. Tenía que

EL EMPRENDEDOR QUE NUNCA EMPRENDIÓ

trabajar fuerte estos dos próximos años para consolidar su puesto en la compañía; lo que ahora era más duro por la situación del embarazo que atravesaban. Una vez superada esta fase, todo estaría consolidado y el futuro se abriría prometedor ante él.

Jaime, por su parte, le contó sobre su recorrido por la Panamericana en bicicleta. Había vivido un año completo con una familia beduina en Mongolia, trabajando en cargueros que lo habían movido por el Pacífico y le habían permitido ver numerosas islas; entre ellas Pascua, Hawái o Bora Bora. Siempre huía del rollo de turistas con dinero y trataba de integrarse con los lugareños, adoptando rápidamente sus costumbres, ropas y comportamientos para no molestar.

En ese momento, solo estaría de paso por Toledo. Una indígena, «Yap, Wa, Ap», como la llamaba, esperaba a Jaime en una cabaña hecha de caña y piel de yuca; en un poblado ubicado en una colina frente al océano: un sitio en el que muy pocos turistas se atreven a entrar, por la densa vegetación.

—Si descubriesen los pantanos que se alinean en la orilla, no se irían jamás. —comentó Jaime, con la mirada perdida en sus recuerdos— Si viesen la impresionante vida animal escondida entre los arrecifes que rodean la isla, seguro que abrirían algunos hoteles que

EL EMPRENDEDOR QUE NUNCA EMPRENDIÓ

romperían esa belleza salvaje. Los habitantes lo saben, así que los pocos que llegan, los marean en la selva hasta que ruegan salir de allí, con sus ropas empapadas de sudor y llenos de picotazos de arañas y mosquitos.

José Andrés escuchaba, con las cejas elevadas y los ojos abiertos de par en par, las historias que su amigo relataba; describiendo los lugares en los que había estado. Su forma de hablar, sin demasiado énfasis, como si fuese algo habitual, carecía de ese ego aventurero que cabría esperar de un hombre de mundo. Escuchaba y no cabía dentro de su propio asombro, cómo aquel jovencito, que hasta hace bien poco arreglaba bicicletas en el taller de su padre, había tenido el valor suficiente para hacer todas esas cosas.

Lo admiraba, lo envidiaba y le hacía sentir pequeño, ridículo y estúpido, por haberse conformado con una vida complaciente. Una vida superficial, sin demasiados éxitos que alcanzar u objetivos que cumplir. Se los había propuesto, sí. Pero no los había alcanzado.

Esa reunión lo dejó melancólico y meditabundo durante un buen tiempo. Se imaginó a Jaime, tumbado en una hamaca, con su joven mujer medio desnuda meciéndola entre arrumacos, mientras el viento del Pacífico le movía suavemente la larga cabellera y sus dos críos

EL EMPRENDEDOR QUE NUNCA EMPRENDIÓ

jugaban con ornitorrincos y caimanes en el porche de su cabaña.

La realidad, como llegó a saber José Andrés más adelante, no era tan agradable. Al volver a la isla, la encontró en guerra. El gobierno de los Estados Federados de Micronesia —al que pertenecía su territorio y sus atolones adyacentes— había enviado militares para proteger a los constructores de un resort de lujo en la parte más virgen y hermosa de la isla. Los lugareños, quienes se oponían radicalmente, habían tomado las armas: cañas con puntas de piedra, arcos, flechas y alguna escopeta de caza, para enfrentarse a los militares y hacer retroceder las excavadoras que ya habían empezado a arrancar, sin piedad, parte de la naturaleza milenaria que se resguardaba.

Según supo después, la participación en aquella contienda le costó a él, y a buena parte de su familia política, tres años de cárcel y bastantes palizas durante el encierro.

¿Una vida de aventuras y sufrimientos o una vida complaciente, tranquila, sin riesgos y tremendamente aburrida? Pues con toda seguridad, José Andrés prefería lo segundo. Si. El mundo necesitaba hombres como Jaime, no lo dudaba; pero él no era uno de ellos. Él prefería la comodidad del sofá, librar batallas sin importancia desde el monitor de su ordenador y compartir las noticias o haciendo click en «me

EL EMPRENDEDOR QUE NUNCA EMPRENDIÓ

gusta» a las causas que consideraba oportunas. Lo más extremo y atrevido que hacía, era firmar alguna petición virtual de apoyo masivo. Eso era suficiente para sentirse cómodo en su vida; creyendo que había hecho algo útil para mejorar el mundo.

Porque a él, un ecologista y revolucionario de corazón, le aterraba un confrontamiento real. José Andrés, al igual que la mayoría, vería el mundo arder desde un monitor sin tomar partido; quejándose y echándole la culpa a otros sin moverse de su sillón. No se imaginaba corriendo delante de la caballería, entre botes de humo y chorros de agua. Tampoco se veía tirando garbanzos a los pies de los caballos para que estos resbalasen, mientras gritaba consignas revolucionarias.

Le ardía la sangre ante tanta injusticia y escupía culebras sanguinolentas en Facebook y Twitter; pero jamás movería un dedo más que para teclear. Lo había intentado, no podía negarlo. Sobre todo con ese proyecto faraónico que llevaría la naturaleza a los hogares y las calles. Sea como fuere, ahora sí que no podía hacer nada por el mundo más que seguir informando, compartiendo post, firmando iniciativas ecológicas, ir a alguna manifestación si estaba cerca y si tenía tiempo. Así que, José Andrés seguiría cabreado con el mundo desde la sala de su casa.

EL EMPRENDEDOR QUE NUNCA EMPRENDIÓ

Pasaban los días, semanas y meses. El pequeño Arturo llegó bien, sano y fuerte. Todo el miedo a perderlo se convirtió en energía pura y aunque pesó poco, se recuperó pronto. La familia ya estaba completa y en el trabajo, José Andrés avanzaba con paso firme; trabajando mucho más; como nunca lo había hecho. Nadie dudaba en la oficina que José Andrés merecía el puesto. Todo iba bien en su vida, pues la tenía bajo control y un futuro brillante y fácil de alcanzar le esperaba.

Pero... ¿Por qué ese desasosiego permanente en sus pulmones? ¿Por qué no se sentía conforme con su situación? ¿Por qué seguía preguntándose estupideces cuando ya sabía la respuesta? Necesitaba crear algo. No podía pasar por el mundo sin dejar una huella con firma impresa. Debía activar el Don que tenía, aplicándolo todas sus ideas y necesidades en un proyecto consistente. A veces se insultaba sin piedad. Estaba comenzando a pensar que más que un Don, era una maldición que no le dejaba tener una vida común, simple y feliz.

Sin embargo, él sentía ese impulso permanente, incansable e insaciable, que por mucho que lo irritara, no sabía como evitar. Para alimentar el monstruo que llevaba dentro, no había otra forma. Debía emprender. Pero, tal como estaban las cosas en el momento, tendría que encontrar la fórmula perfecta para

EL EMPRENDEDOR QUE NUNCA EMPRENDIÓ

combinar el tiempo que pasaba con la familia y el que le dejaba libre el trabajo; el cual, iba exigiéndole cada día más.

Estuvo barajando en su mente una multitud de negocios posibles; en los que, como primer requisito, debía figurar su mujer. Tenía que hacerla sentir atraída por el negocio y así, juntos podrían llevarlo a cabo. De este modo, no necesitarían la participación activa de José Andrés, más que para la creación del proyecto y el asesoramiento adecuado. Algo que podría hacer desde la misma oficina. Lo más difícil era que Arturo se incorporara fácilmente al medio, de modo que no se sintiera desplazado ni falto de atención. Hizo una lista: tiendas de ropa, zapaterías, jardín de infancia...

Con su embarazo, Miriam había perdido su trabajo. Le obligaron a restringir su contrato con una baja voluntaria, con la promesa de reincorporación cuando tuviese al bebé. Pero el acuerdo no llegó a cumplirse. Al regresar a las oficinas de la inmobiliaria, la dirección había cambiado y ninguno de los jefes se acordaba de ella. No la recibieron y sus antiguos compañeros la saludaron fríamente. Estaba todo acordado desde el principio. Con la dignidad un poco magullada, se fue del lugar. Fue un trabajo en el que nunca estuvo demasiado a gusto y que requería demasiadas horas riéndole

EL EMPRENDEDOR QUE NUNCA EMPRENDIÓ

gracias a quienes no tenían, siquiera una pizca de ellas.

Arturo pronto cumpliría dos años y la supuesta jubilación de Alfredo se retrasaba. Todos daban por hecho que sería de un momento a otro y José Andrés comenzaba a desesperarse. En un momento de iluminación, José Andrés creyó dar con la solución al ver al pequeño Arturo jugar con piezas lego del tamaño de su mano, tratando de amontonarlas en una torre imposible.

Con esta idea, solucionaría de golpe la búsqueda de trabajo de Miriam mientras Arturo podría desarrollar sus habilidades cognitivas, sociales, manuales y madurativas junto a su madre. Él podría llevar un control más o menos exhaustivo de los ingresos y gastos, como a un cliente más, desde la gestoría del centro, además de ejercer como director o gerente del pequeño negocio.

La mujer lo escuchaba; aunque en esta ocasión parecía bastante interesada. Pero llegó un momento que entre tanta retórica y vueltas de discurso por poco le levanta la voz:

—¿Cuál es esa maravillosa idea José? ¿Quieres decírmela de una vez ya, hombre? Deja ya de darle tantas vueltas.

—Una ludoteca —le dijo—. Sí. Se que no es muy rentable, pero es fácil de llevar. Siempre te gustaron los niños y así, Arturo se

EL EMPRENDEDOR QUE NUNCA EMPRENDIÓ

relacionaría con chicos de su edad. Podríais estar juntos y él estaría siempre aprendiendo. Yo desde la oficina podría...

—Sí, sí. Todo eso ya me lo has dicho —le cortó su mujer—, y me parece una idea genial cariño. Realmente maravillosa. ¿Cuándo empe-zamos?

José Andrés se llenó de orgullo al ver que Miriam compartía parte de la ilusión que a él le embargaba por sus proyectos. Esa emoción en los ojos de su propia mujer lo hizo sentir satisfecho.

—¿De verdad? ¿Quieres hacer esto? ¿Te gusta la idea?

—Claro que sí pesado. Es perfecta. Nadie quiere darme trabajo, aquí seré... Seremos, due-ños de un negocio familiar. Me parece estupendo.

—¡Fantástico! también podríamos usar la marca para crear una web en Internet. ¡Vamos! Esto hay que hacerlo sí o sí, para darle promoción. Pero me refiero a usar la marca para vender productos relacionados, con una tienda online, ya sabes vender... No sé... Los juguetes que tengamos por allí; pero nuevos claro. Y también...

—Alto ahí, vaquero. Para el turbo chiquillo que te aceleras. Vamos paso a paso, ¿de acuerdo?

EL EMPRENDEDOR QUE NUNCA EMPRENDIÓ

Que Miriam formara parte activa de este proyecto, aseguraba que el negocio llegaría a formarse y ataría en corto al propio José Andrés; que como un globo lleno de helio, solía subir y pasearse por nubes de colores, lejos de la realidad. Con ella al mando, seguro que él se mantendría centrado, atendiendo a las cuestiones que le tocasen y repartirían el trabajo equitativamente. Ella estaría en el local físicamente y él manejaría la sección virtual y el papeleo. Todo encajaba de manera prodigiosa. En esta ocasión nada podía fallar porque ahora, no estaba solo, era un negocio fácil, tenía experiencia, tiempo y, en breve, también tendría bastante más dinero.

El tío se acercaba al primer año después del supuesto día de la jubilación; pero seguía igual de activo que siempre, sin faltar nunca ni aparentar querer dejarlo. Cada vez que lo llamaba a su despacho, le daba un vuelco el corazón. Pero siempre era para preguntarle por los progresos con un cliente, las cuentas de otro, la posibilidad de mejorar tal o cual relación... Nada de lo que esperaba con ansias.

Decidieron esperar a que llegara el ascenso. Así podrían contar con más dinero y tener la libertad de dejar la oficina siempre que quisiera sin pedir permiso. Además de dejar que la idea madurase mientras se iban

EL EMPRENDEDOR QUE NUNCA EMPRENDIÓ

informando de todo lo que necesitarían para montar la ludoteca.

EL EMPRENDEDOR QUE NUNCA EMPRENDIÓ

12

LA LUDOTECA

Se entiende por ludoteca, aquellos centros que tienen un objetivo recreativo, socioeducativo, cívico, cultural e inclusivo; es decir, que no está limitado exclusivamente a niños en edades tempranas. En estos espacios, se lleva a cabo un proyecto socioeducativo, que tiene como principal función garantizar el derecho del niño al juego y la recreación. Las ludotecas son piezas clave para ofrecer posibilidades de desarrollo integral para la personalidad del pequeño, y por eso deben estar dotados de un fondo organizado de juguetes, actividades y demás elementos lúdicos.

Existen dos tipos bien diferenciados de ludotecas. Por un lado, las permanentes, que ofrecen su trabajo de forma continua y utilizan siempre el mismo espacio. Como segunda opción, las ludotecas temporales, con libertad para ejercer sus actividades en espacios diferentes, pero limitadas a un periodo máximo de dos meses. Lógicamente, el proyecto de José Andrés y Miriam abarcaría la primera modalidad.

Las ludotecas son mucho más que un simple local donde los niños pueden jugar mientras los padres trabajan o van al Mercadona. En realidad, se sujetaban a más normas y leyes de las que habían supuesto y deseado en un principio. Para empezar, los menores de cuatro años debían permanecer siempre acompañados de la persona legalmente responsable del menor, o cualquier otra persona adulta autorizada durante todo el tiempo que permaneciese en la ludoteca. Ningún profesional a cargo del espacio podría ser autorizada como acompañante legal del menor; lo que limitaba —y mucho— el número de clientes.

Por otra parte, aquel designado como legalmente responsable de los menores entre cuatro y dieciséis años debía firmar un documento que autorizase al niño para su estancia y permanencia en la ludoteca; aceptando, a su vez, las condiciones del funcionamiento interno y del régimen de responsabilidades que impusiese el propio centro. Esta autorización debía ser registrada y actualizada cada año.

Ambos se miraban extrañados ante estas imposiciones. Solamente habían profundizado un poco y ya se sentían algo defraudados, con poca libertad de actuación y con demasiadas

EL EMPRENDEDOR QUE NUNCA EMPRENDIÓ

exigencias. Debían cumplir con funciones enfocadas en la promoción de los derechos del niño y sus familias mientras que garantizaban la calidad de sus servicios, tanto pedagógicamente, como en relación a los ambientes seguros y responsables. Se debía formular un proyecto socioeducativo que fomentase el desarrollo integral de la persona, teniendo como fundamento alguna actividad lúdica y creativa.

También tendrían que ofrecer el entorno y los recursos lúdicos a la ciudadanía, al tiempo que se favorecían actitudes más solidarias, como la aceptación de las diferencias, el fomento de la educación, la enseñanza de los derechos humanos, la cohesión social e igualdad de oportunidades entre hombres y mujeres...

Ambos sentían que, mientras más leían, las fuerzas y el ánimo inicial les abandonaban. Tal vez, lo que necesitaban no era esto sino más bien un parque infantil; más cercano a piscinas de bolas o paredes de escalada, pero con complementos lúdicos enfocados en el juego cooperativo, mental e intelectual, que no implicara tantas obligaciones como las que estaban encontrando en este proyecto.

Puede que no tuvieran la cualificación necesaria, pero una ludoteca se acercaba bastante a un jardín de infancia; solo que con más responsabilidades y exigencias que crecían a medida que profundizaban en el término. También debían estimular la afección a las actividades lúdicas como herramientas para la integración social y de comunicación intergeneracional, desarrollar las relaciones sociales sin ningún tipo de discriminación por razón de cultura, sexo, etnia o religión, y además, favorecer la libre relación.

Todo estaba muy bien a nivel ideológico, pero llevarlo a la práctica sería casi imposible, pues las responsabilidades no acababan ahí. La lista continuaba y debían llevar a cabo periódicamente, actuaciones dinamizadoras de los diferentes grupos de personas usuarias, encaminadas a fomentar el juego mixto y facilitar los recursos lúdicos adecuados a los menores o representantes con algún tipo de minusvalía, deficiencia física, psíquica o sensorial. La información y asesoramiento sobre los juguetes y juegos existentes, y las formas correctas de usarlos, debían impartirse de manera didáctica, tanto al niño como al adulto.

Y como si esto no fuese suficiente, la ludoteca debía ocupar la totalidad de un edificio o al menos, una parte de él que estuviese completamente independizada; con espacios perfectamente diferenciados entre zonas de acogida, sección de juegos, área administrativa, el almacén y los sanitarios. Si se iban a aceptar niños menores de cuatro años, también

EL EMPRENDEDOR QUE NUNCA EMPRENDIÓ

sería necesaria una habitación con cambiador...

Esa noche, Miriam y José Andrés cenaron en completo silencio.

—Ahora entiendo por qué te fue tan difícil montar algún negocio en el pasado cariño; te pido perdón—. Comentó Miriam, apesadumbrada.

—Bueno, también era porque no daba los pasos necesarios y me liaba con demasiados objetivos, sin tener claro lo que quería realmente o a donde deseaba llegar— admitió José Andrés— También me rendía demasiado pronto, pues me falta paciencia y me disperso con facilidad. En este caso, podemos intentarlo con algo más sencillo. Un parque infantil. ¿No te parece bien?

«No es un proyecto tan exigente. Arturo se lo pasará genial, siendo más sencillo y barato de montar. No tendríamos sobre nuestros hombros todas esas leyes y especializaciones, que, seamos sinceros, no estamos capacitados para cumplir».

—No sé... La verdad es que he quedado bas-tante decepcionada de todo.

Pero la decepción no era suficiente para derrotar al inexpugnable emprendedor. José Andrés no se rendiría tan fácilmente. Simplemente tardarían un poco más en lograrlo y habría que esforzarse. Pero nadie tiraría la toalla,

EL EMPRENDEDOR QUE NUNCA EMPRENDIÓ

y menos ahora que no estaba solo en este camino.

De este modo, y con menos fuerza y convicción que al inicio, José Andrés salió a buscar locales que le pudiesen servir al su proyecto. Debían ocupar un edificio completo —algo bastante estúpido, sólo por su planteamiento—, o que estuviese completamente independizado. Encontró algunos, pero ni uno solo le convencía. Dimensiones grandes o demasiado pequeñas. Algunos en zonas alejadas del centro o demasiado céntricos y sin aparcamientos. Otros con mal mantenimiento y pésimo aspecto...

Entró en ludotecas en funcionamiento y comprobó que se parecían más a los parques infantiles que habían imaginado, que al concepto legal del establecimiento. Al parecer, los propietarios hacían todo lo posible por cumplir con las normativas el primer año, cuando estaban en el punto de mira de las inspecciones. Pero mantenerse en ese estado era un suicidio comercial y por eso, iban trasmutando las condiciones del local, hacia algo más entretenido y menos exigente con su público. Creaban una especie de mix entre parque de bolas y espacios de entretenimiento intelectual para los niños; mientras los padres iban a trabajar o a realizar sus compras en el centro.

EL EMPRENDEDOR QUE NUNCA EMPRENDIÓ

Mientras tanto en la gestoría, llegó el momento que todos esperaban, aunque no de la forma más idónea —pero parecía ser la única manera posible—. Alfredo había sufrido un amago de infarto y fue llevado de urgencia al Hospital Quirónsalud, donde la mejor unidad integral de cardiología podría atenderlo. Por supuesto... Privado.

Solo quedó en un susto, pero fue el detonante para de su retiro. La buena nueva no llegaría a oídos de José Andrés en la oficina. Lo llamó invitándolo a él y a su familia a cenar. Sorprendidos, pero no lo suficiente, supieron que había llegado el momento.

Los tres llegaron —José Andrés, Miriam y el pequeño Arturo— a las nueve en punto, a la enorme casa de Alfredo José que tenían en el centro de Toledo. Además de ese, contaban con un apartamento en Benidorm y un chalé muy cerca del río Amarguillo, en plena Sierra de los Montes de Toledo. El interior de aquella casa era todo un lujo tradicional: muebles de caoba con aspecto rústico, suelos de cerámica, grandes espejos y lámparas de araña. Una gran biblioteca con chimenea y un jardín primorosamente cuidado. Dos plantas sobre una base de más de 200 metros cuadrados.

Miriam y José Andrés se lanzaban miradas de complicidad; diciéndose en silencio que

EL EMPRENDEDOR QUE NUNCA EMPRENDIÓ

pronto podrían tener una casa igual. La cena transcurrió en armonía y con demasiada corrección para ser una comida familiar. El ambiente que se respiraba tenía mucho de trabajo y poco de diversión, por lo que no llegó a relajarse en ningún momento. Esperaban el anuncio por parte de Alfredo José y este se hacía de rogar; hasta que al final, en los postres y con un jerez en la mano, dijo que no hacía falta dar más rodeos y que ya todos sabían para que estaban allí reunidos.

—Te deseo lo mejor en esta nueva aventura tuya— proclamó su tío a viva voz, mientras tomaba la copa de vino recién servida— la Gestoría Sandoval cambiará su nombre por el de Sandoval y Asociados, y con el tiempo, cuando hayas ganado la confianza de todos los clientes y tú mismo lo consideres oportuno, podrás sustituir la palabra "asociado" por tu propio apellido. Espero que la hagas crecer como su anterior propietario lo hizo.

A su vez, todos alzaron sus correspondientes copas y brindaron, con palabras de felicitaciones hacia José Andrés, mientras este prometía, una y otra vez, hacer todo lo que hiciera falta para mantener e impulsar el nombre de la firma. Cuando todos se relajaron y volvieron a retomar sus conversaciones acerca de tan «inesperado suceso», Alfredo José le pidió a su nuevo sucesor que le siguiera a la biblioteca.

Una vez allí, el tío se sirvió una copa de Johnnie Walker etiqueta azul y miró a Andrés José; quien al ver el cambio de semblante de su tío, se dio cuenta que algo no andaba bien. Se mantuvo un silencio excesivo entre los dos y alegría de José Andrés se fue tornando en preocupación.

—Sobrino, escúchame. Sabes que me dio un amago de infarto hace bien poco, ¿verdad?

—Sí. Supongo que por eso has tomado esta decisión.

—En efecto. Pero debes saber por qué me dio ese ataque de angustia y no quiero que te lleves una sorpresa mañana, cuando te sientes en mi sillón.

— ¿Qué ocurre tío?

—Schreider y Cárnicas Tello enviaron una carta el mismo día; lo que me hizo ver que todo estaba orquestado por un tercero. Sospecho que fue la gestoría de los hermanos Galíndez. Nos han anunciado su decisión de que otra gestoría les llevará la documentación. No te estoy dando ningún caramelo sobrino, no en este momento. ¿Sabes lo que ocurre cuando los dos mejores clientes que tenemos toman la decisión de irse?

—Que otros van detrás.

—Exacto. Y ¿sabes porque lo hacen?

EL EMPRENDEDOR QUE NUNCA EMPRENDIÓ

—Porque tú les dijiste que estabas pensando en retirarte y porque no confiarán en la nueva dirección. Es decir, no se confían de mí.

Alfredo no respondió, pero tomó un sorbo de su whisky para asentir simbólicamente. José Andrés no había pensado en esto ni por asomo, lo que le dejó completamente fuera de juego.

—He tomado la decisión de irme no solamente por el infarto, sino también para que tú te pongas manos a la obra cuanto antes y detengas lo mejor que puedas la sangría que se avecina— Manifestó preocupado, mientras se sentaba en una silla de lectura—. Tienes que saber que sigo firme en mi postura: tú me habrás de sustituir y estoy seguro de que lo harás bien. Este atajo de hipócritas tendrán un montón de ofertas de otras gestorías; gente que les llevan comiéndole los huevos durante años y ahora se han echado encima como las sabandijas que son, para aprovechar este supuesto momento de debilidad— Comenzó a alzar la voz, visiblemente molesto—. Tienes que demostrarles que de debilidad nada. Que estás preparado para hacer bien tu trabajo, si yo confío en ti es por algo, ¡maldita sea!

—Tranquilo tío —lo aplacó José Andrés— no te vaya a dar algo otra vez. No te preocupes, haré que te sientas orgulloso de mí.

EL EMPRENDEDOR QUE NUNCA EMPRENDIÓ

—Por tu bien, el de nuestra familia y el de la firma, reúnete con ellos y convéncelos. Puedes hacerlo.

Volvieron con sus mujeres e hijos aparentando normalidad. Pero Miriam vio rápidamente en los ojos de José Andrés, que la herencia no era tan hermosa, ni tan idílica como habían esperado y deseado.

Una vez en casa, el peso todo el trabajo que le quedaba por hacer, además de la obligación de no poder fallar, le hizo sufrir un ataque de ansiedad que lo mantuvo con taquicardias y sudores toda la noche y el día siguiente: un domingo en el que no pudo celebrar el ascenso que llevaban esperando por más de tres años.

Con esta nueva situación, y a sabiendas de todo lo que le esperaba, pensar en la ludoteca tuvo un efecto relajante, igual que una terapia. Un lugar imaginario en que refugiarse ideando métodos para llevar a cabo el proyecto y hacerle un regalo a su esposa.

$$***$$

Los primeros días al frente de la gestoría fueron un verdadero caos. Aunque contaba con la mano amiga de Alfredo para lograr un control más llevadero, la carga de trabajo se multiplicó por mil. Aunque iba a las reuniones con los empresarios al lado de su tío, como forma

EL EMPRENDEDOR QUE NUNCA EMPRENDIÓ

de apadrinamiento visual, los clientes más importantes se mostraban reacios a continuar en la asesoría.

Alfredo le sugirió que fuera más agresivo en las reuniones y dejara de mantenerse a la retaguardia. No podía ser tan complaciente. Debía creer que iba a conseguir que se quedaran y tener absoluta fe ciega en que no se irían a ningún sitio.

—A las personas, por regla general, les cuesta defraudar a alguien que está completamente convencido de una amistad o de una buena relación. Ese es el modo en que debes actuar.

En soledad, cuando terminaban las infructuosas y eternas horas de diálogo, almuerzos y repasos de nuevas ofertas; cerraba las puertas de las oficinas y se quedaba solo en su despacho. Cuando todos los empleados se iban y con miedo a volver a casa, sin hambre, sin sueño y sin alegría, se quedaba hasta bien avanzada la noche frente al ordenador.

Como la gestoría estaba en el mismo inmueble que la vivienda de su tío, este creía que se quedaba trabajando en la forma de mejorar las relaciones con los clientes para que no se fueran o en algún modo de captar nuevos; algo que lo llenaba de admiración, a pesar de ser consciente de las muchas carencias que tenía su sobrino.

EL EMPRENDEDOR QUE NUNCA EMPRENDIÓ

Lo que no imaginaba, es que los estudios, prospecciones y análisis hechos en esas horas extras, no iban en la dirección que a él le hubiese gustado. José Andrés hacía números; sí. Planificaba y trabajaba, pero sobre su propio proyecto: la ludoteca; o en la simbiosis entre patio de recreo y espacio lúdico para el desarrollo físico y mental que quería crear. Registró el dominio laludotecadetoledo.com en GoDaddy: un hosting web con buenas críticas en Internet. Volvió a utilizar la plantilla Avada de Wordpress y prácticamente, copió el diseño de una ludoteca de Asturias. Encontró en la revista digital de compra venta Milanuncios, una ludoteca en traspaso. Bastante económica y también muy pequeña, que había sido utilizada básicamente como jardín de infancia puntual, pero que, al parecer, al hablar con la propietaria, tenía posibilidades de ampliación si tan solo tiraban un tabique que lo unía a otro local anexo. Ella le aseguró que, con toda seguridad, el otro propietario aceptaría la fusión, si era para un negocio de larga duración.

Concretó una cita y efectivamente, le pareció muy pequeño e insalubre, pese a formar parte de una nueva construcción, en un barrio que prometía ser la nueva zona de pijos de Toledo. Pero que ahora, parecía casi sin habitar, con calles vacías y muchos locales cerrados.

143

EL EMPRENDEDOR QUE NUNCA EMPRENDIÓ

Esa misma tarde habían acordado un encuentro con el propietario del local adyacente; pero este nunca llegó. En su lugar, el amanerado representante de una inmobiliaria intentó negociar y al mismo tiempo, ligar con él. El local era una especie de pasillo, sin solería y paredes en bruto; con las instalaciones eléctricas sin terminar. El vendedor aseguraba que el propietario se comprometía a terminar la obra, si previamente se firmaba un contrato de arrendamiento por un tiempo no menor a cinco años.

El muchacho, con acercamientos demasiado exagerados para su gusto, le certificaba que aquella zona de la ciudad estaba a punto de explosionar. Que en menos de un año, muchas familias ocuparían estas viviendas y se convertiría en un barrio adinerado.

—Quien tenga un negocio aquí, se enriquecerá —comentó con actitud rimbombante—; sobre todo una ludoteca. Va a servir para entretener a tanto crío. El propietario habrá pegado un pelotazo.

La suma de los dos alquileres ascendía a 1.600 euros mensuales. Pero Fernando, el vendedor, le dijo que, porque le caía «super bien», le podía bajar al menos 100 euros a cada uno. Le aconsejó no ser tonto y aprovechar la oportunidad; porque este local —que ni

EL EMPRENDEDOR QUE NUNCA EMPRENDIÓ

siquiera estaba terminado— tenía "otros novios".

Evidentemente, el joven mentía. Allí no se movían ni las hojas de los transplantojos que darían sombra al gentío que habría de llegar. Si no se secaban antes de que eso sucediera, en unos diez años al menos. Muchos edificios estaban en abandono; como si a las constructoras les hubiese dado de lleno la crisis económica y los albañiles, electricistas, yeseros, carpinteros, pintores y demás trabajadores, quedando sin paga, se hubieran largado de allí a toda prisa, cabreados y con el trabajo sin terminar.

No le dio buena espina nada de aquello. Pero no había encontrado nada más barato. Aquello tenía muchos aparcamientos y fáciles vías de comunicación con el resto de la ciudad. Cualquiera podría dejar allí a los niños, resolver sus asuntos pendientes y volver, sin atascos y en poco tiempo.

La ubicación tampoco era mala. Si lo que decía este chaval era cierto y el barrio se llenaba de gente con un nivel adquisitivo alto, el negocio sería rentable. Estas familias suelen estar muy ocupadas y necesitan dejar a sus hijos en lugares que les aporten valor y, al mismo tiempo, obtener un poco de tranquilidad, una imagen de estabilidad económica, buen gusto y sofisticación. Cosa que no da un jardín de infancia tradicional.

EL EMPRENDEDOR QUE NUNCA EMPRENDIÓ

El local que estaba sin terminar, se llevaría un buen bocado del presupuesto que destinarían al negocio —y que aún no había sido determinado—; pues una vez que el propietario terminase las instalaciones, debía adecuarlas a las condiciones del uso que iban a tener; con medidas de protección legales y adecuaciones exigidas por las normativas. Todo se tendría que cumplir a rajatabla.

Lo comentó con su mujer; como solía hacer con todo lo relacionado a negocios y trabajo, desde aquella charla en la cabaña. Ella lo tenía aún menos claro que él. Fueron juntos a ver los dos locales. Ella los descartó de inmediato. No le gustó la distribución de los espacios pues eso significaría más gastos.

El proyecto entró en una fase de apatía. Sobre todo por parte de su mujer, que no veía con buenos ojos que dedicase tanto tiempo a aquel proyecto cuando acababa de recibir un legado mucho más importante que en estos momentos, pasaba por una crisis bastante profunda y peligrosa.

José Andrés estaba en grave riesgo de perder gran parte de la facturación; por lo que le pidió que se entregara por entero a solucionar los problemas de la gestoría.

—Concéntrate sólo y exclusivamente en eso. Deja el proyecto de emprendimiento en pausa— le pidió Miriam una noche, bajándolo

EL EMPRENDEDOR QUE NUNCA EMPRENDIÓ

de sus ensoñaciones—. Lo estas haciendo bien; pero esa manía tuya de perderte, te puede pasar factura y perder lo único que es seguro y fiable.

Le pidió que, por favor, mantuviese el enfoque. Ella investigaría y seguiría por él, el camino emprendido. Le informaría sobre los avances y le consultaría siempre que hiciera falta. Pero ahora debía dejar de lado la ludoteca y luchar con todas sus fuerzas por la gestoría.

13

LA GESTORÍA

Miriam tenía razón, como siempre.

Se maldijo por volver a cometer los mismos errores de antaño; prestando atención y enfocando su trabajo en aquello que no era importante. De nuevo los pajaritos poblaban su cabeza y no le dejaban concentrarse con sus trinos sobre el futuro. Además, esto le estaba llevando a perder lo que ya tenía.

La gestoría no iba nada bien. Cuando entró a trabajar el lunes siguiente, tenía todo el empeño del mundo en volver a pelear, y ahora con redoblado esfuerzo, por esos clientes que confirmaban que al final del año y el cierre de ejercicio fiscal, se largarían de allí.

Pero ese día, Garmendia le tenía preparada una sorpresa: una puñalada que podía ser mortal para él y la firma. En un momento de crisis total dentro de la gestoría, con los nervios a flor de piel, con malos humos y un

EL EMPRENDEDOR QUE NUNCA EMPRENDIÓ

ambiente hostil, José Andrés recibió otra noticia directamente del mejor asesor de la gestoría.

Garmendia le presentaba su carta de renuncia. Se iría a trabajar con la gestoría de los Galindez. Le habían ofrecido puesto envidiable, con un salario alto y una excelente cartera de clientes. Evidentemente, se llevaría de aquí parte de la que él mismo había conseguido traer a lo largo de todos estos años.

Educadamente, se disculpó con José Andrés, pues sabría lo que provocaba con esa acción. Posiblemente la quiebra total de la gestoría y la pérdida absoluta de credibilidad; al ver como, con el tiempo, perdían todos los clientes y empleados.

Argumentaba, azorado y con la vista fija en el suelo, que no había recibido un buen trato en esa compañía. Había esperado progresar, subiendo al puesto que ahora José Andrés ostentaba; y aún después de perder la oportunidad, tampoco había recibido algún tipo de compensación por su parte. Al menos un aumento de sueldo hubiera sido suficiente, pero nunca había ocurrido.

José Andrés se maldijo en silencio. Habían pasado los meses y se había olvidado por completo de subirle el sueldo. Ahora, a Garmendia le llovían las ofertas y veía que en otros lugares lo tratarían como se merecía, ni más ni menos.

EL EMPRENDEDOR QUE NUNCA EMPRENDIÓ

—Lo siento muchísimo— dijo Garmendia con sinceridad—. Esta ha sido mi casa durante muchos años, pero tengo que pensar un poco más en sí mismo. José Andrés se sentía hundido y desgraciado. Si hubiese tenido el valor suficiente se habría puesto a llorar. De pronto, se le ocurrió una idea con la que arriesgaría todo, menos el futuro de la compañía. Le dijo que estaba pensado como compensarlo y que pronto se lo iba a decir, pero no había tenido oportunidad. Más allá de aumentar su sueldo por encima de lo que soñaba, José Andrés no podía llevar la gestoría sin él.

Entre argumentos desesperados y sin consistencia, que estaba inventando en el momento, con la lengua seca y los músculos agarrotados intentó convencerlo de quedarse. Le mintió, asegurándole que había decidido crear un puesto a la misma altura que él, con las mismas responsabilidades, derechos y deberes. Le dijo que tampoco a él la había parecido justa su elección como gerente, pero que no había tenido otra opción más que aceptar; por la familia y todo eso. José Andrés, con la mano en el pecho y el corazón en la boca, admitió que no podía imaginar la gestoría sin Garmendia y por eso quería ofrecerle un puesto a su medida.

Había actuado deprisa y estaba dando resultados. Lo que comenzado como una mentira espontánea, podía resultar una buena idea después de todo. Veía cómo al propio Garmendia le invadía la duda, debilitando sus ganas de irse.

—Garmendia, no te vayas. Cojamos las riendas de esto juntos y saquemos esta empresa del agujero en el que se encuentra. Eres mejor que yo y lo sabes. Todo el mundo lo sabe.

—Sí, todo el mundo lo sabe y pocos confían en ti. Para qué sirven las mentiras ahora.

—Pues aprovéchate de esa debilidad y coge el puesto que te mereces. De verdad... Todo esto lo tenía pensado. Solo hacía un poco de tiempo para que no llamar demasiado la atención y que mi tío no se sintiera ofendido ni defraudado. Pero al punto en que hemos llegado, no tengo más remedio que adelantar mis planes. Por favor, considérame un amigo. Alguien que confía en ti y te necesita. Un colega que te ofrece el puesto que por derecho era tuyo, aunque en este caso, compartido. Prometo no molestar, al contrario, me pondré a tus órdenes.

Sin pensarlo, estaba encontrando la solución a todos sus problemas. Había venido hasta él como el enemigo y ahora, José Andrés lo estaba convirtiendo en un aliado. Debía seguir insistiendo y no dejarlo escapar. Eso sería el fin. Él lo sabía y le temblaban las piernas de

EL EMPRENDEDOR QUE NUNCA EMPRENDIÓ

solo pensarlo. Nunca había dependido de nadie de esta forma pero no le importaba. La situación era urgente y esta era la única salida.

—He de admitir que me estás convenciendo Jose.

Que le llamara *Jose* sin acentuar, sonando familiar, le dio más confianza y él se abalanzó sobre ella como un águila sobre su presa. Recordó las palabras de Alfredo: «Cree que lo que quieres y necesitas es una realidad, un hecho indiscutible. Actúa con más vigor y pasión».

—Claro, coño Jaime. Joder tío; llevamos en esto toda la vida. ¿Te vas a ir ahora que es nuestro? ¿Qué es tuyo? Ahora tendremos la libertad para organizarnos mejor, sin la presión del todo-poderoso Alfredo Sandoval. Podremos proyectar lo que en algunas ocasiones hemos conversado tú y yo a espaldas de mi tío —siguió insistiendo. No podía permitir que se escapara pues ya era suyo—. Yo creo que podrías quedarte con este despacho, o unimos con una pequeña obra los nuestros... Quedará más grande. Lo que tú creas mejor. Esto es nuestro y podemos hacer lo que queramos. ¿Por qué crees que no cambié el nombre por Sandoval y García, mi segundo apellido? Porque te esperaba a ti. Tú eres la «S» de asociados.

La mentira le salió de maravilla. Emilio Garmendia esbozó una sonrisa de oreja a oreja, se levantó del asiento y le estrechó la mano,

EL EMPRENDEDOR QUE NUNCA EMPRENDIÓ

visiblemente emocionado y agradeciéndole el favor. José Andrés no se la cogió, sino que en su lugar rodeó la mesa y le dio un profundo y sincero abrazo, mientras pensaba que en realidad era Garmendia quien, de hecho, le estaba salvando la vida.

Cuando Emilio se fue del despacho, luego de hablar de reconocimientos y proyectos futuros; José Andrés fue directo al mueble bar —algo que nunca había hecho antes— y con las manos temblorosas, se sirvió un vaso hasta arriba del primer licor que encontró. Un sorbo casi lo mata allí mismo, pero aun así, después de toser varias veces, sonrió. Había sido capaz de salvar la situación in extremis; algo por lo que jamás sería valorado. Al contrario, posiblemente se le criticaría por no haber sido capaz de haber llevado la gestoría en solitario.

Él, por su parte, podría argumentar alguna cuestión moral o ética con respecto a Garmendia; aunque a su mujer no lograría engañarla. En cualquier caso, se sentía bien. Había logrado salir de una situación que posiblemente hubiese sido la rotura de frenos definitiva, en la cuesta donde pendía la gestoría. Había reforzado sus mecanismos y ahora tenía la capacidad para revertir la situación y comenzar la remontada. Confiaba en las habilidades de Garmendia y ahora, un poco más en las suyas. Había convencido a un elemento clave en la

EL EMPRENDEDOR QUE NUNCA EMPRENDIÓ

organización para que luchara junto a él. Tal vez su tío no se equivocó y sí que valía para el cargo.

Se volvió a sentar en su sillón de gerente. O tal vez el de Garmendia ahora; no le importaba en realidad. Superada esta crisis, depositaría en manos de su socio la responsabilidad de recuperar la confianza de los grandes clientes. Esos de siempre que confiaban en Garmendia y mantenían con él una mejor relación. De hecho, el segundo cliente más importante se lo había ganado él solo.

Por su parte, volvió a encender el ordenador para trabajar en las pestañas que necesitaría para la ludoteca y de ese modo, despejarse la tensión que acababa de pasar.

Se relajaba al dedicar unos minutos a su vocación y no a su obligación. Le abría la mente, ayudándole a respirar y retomar su ritmo cardiaco habitual. Pero mientras paseaba por la web, pensó en la tensión que existía entre él y el resto de empleados. Creyó que sería una buena idea hacer una cena empresarial para celebrar la nueva dirección y anunciar oficialmente los cambios. Restablecer los lazos de unión y proyectar un frente común; más acorde con el nuevo pensamiento empresarial de hacer equipo, que la visión tradicional de seguir a un único líder.

EL EMPRENDEDOR QUE NUNCA EMPRENDIÓ

Estaba consciente que no tenía la fuerza, ni el carácter y mucho menos la voluntad de su tío. Por eso, tendría que cambiar de estrategia y actualizar la compañía entera; repartiendo esfuerzos y beneficios. Que se acercase más a la idea de una cooperativa que a la que mantenía durante tantos años, en la que todo giraba alrededor de un jefe divinizado y empleados más o menos explotados. Entró en la web que usaban para promocionar la gestoría y encontró numerosas deficiencias. Aspectos visuales claramente desfasados y un posicionamiento terrible. Pocos textos y mal enfocados y sin blog. Parecía más un anuncio de los que podrían encontrarse en un periódico impreso en papel y de tirada local. Sin lugar a dudas esto debía cambiar y se pondría inmediatamente a ello.

Uno de los principales objetivos que debía imponerse era mejorar la imagen de la firma; actualizándola a los tiempos modernos. Con esto lograría captar nuevos clientes. Esta sería la estrategia a seguir. Mientras Garmendia se ocupaba de los clientes de siempre para de mantenerlos contentos, él se dedicaría a la búsqueda y captura de sangre nueva que hicieran crecer las arcas. Podría especializarse en Startups y enfocar todo lo que había desarrollado para su antiguo proyecto de asesoría online para desarrollar esta firma. Ahora no se

EL EMPRENDEDOR QUE NUNCA EMPRENDIÓ

trataría de un nicho, sino de una marca que ampliaría sus servicios hacia el mundo virtual. Después de todo, resultaría útil todo lo que aprendió en sus intentos por montar una empresa... Sin darse cuenta, se descubrió a sí mismo actuando y trabajando con satisfacción en la gestoría y dejando de lado su proyecto de la ludoteca. Mantenía abierta la ventana donde se encontraba la web; pero allí la dejó. Enfrascado de manera natural en las nuevas vías de expansión a las que dirigiría la gestoría.

EL EMPRENDEDOR QUE NUNCA EMPRENDIÓ

14

MIRIAM

Al llegar a casa, José Andrés estaba pletórico. Se enorgullecía por cómo había resuelto el duro momento que había enfrentado. Esperaba que su mujer lo entendiera y apoyara; como siempre lo había hecho. Ella lo escuchó y, efectivamente, le dio la enhorabuena por haber salido de aquella situación. Lógicamente, no compartía su mismo entusiasmo puesto que en realidad sabía que estaba enmascarando una derrota. Colocando un parche a una mala gestión prolongada durante meses y a una desconfianza en su entorno laboral.

Miriam, como siempre, miraba la situación desde una perspectiva más amplia y siempre daba en el clavo. Ahora tendrían que compartir los beneficios; pero era mejor que no tenerlos. Miriam paró en este punto y lo miró inquisitivamente:

— ¿Eres consciente de lo que esto significa? —Le preguntó, más seria de lo que José

EL EMPRENDEDOR QUE NUNCA EMPRENDIÓ

Andrés podía comprender—. ¿Qué en apenas seis meses, hayas estado a punto de perder un puesto de trabajo ideal y quebrar una compañía entera?

A José Andrés no le gustó aquella pregunta, ni el tono con el que se la había soltado.

— ¿A qué te refieres?

Un silencio incómodo se había instalado en la habitación.

—Pues que en cualquier momento puedes perder algo que tienes, José.

—¿Estás tratando de decirme algo, Miriam?

—¿Cuántas veces has intentado levantar un proyecto de negocio? ¿Cinco? ¿Seis? Contando sólo aquellos en los que decidiste moverte; porque si añadimos todas las ideas que has tenido nos tomaría contarlos hasta mañana, ¿verdad?

—Sí, verdad. Es un defecto que tengo. Sí.

—No has terminado nunca ninguno. Por dejadez, desidia, miedos... Lo que sea. Nunca prestaste demasiada atención ni te esforzaste lo suficiente en terminar ninguno.

—Sí, Miriam sé que soy un fracasado en eso. ¿Hasta dónde quieres llegar con este tema? Si lo que quieres es hacerme sentir mal, lo estás logrando.

—No pretendo nada de eso. Quiero que sigas lo que quiero hacerte ver, así que préstame

EL EMPRENDEDOR QUE NUNCA EMPRENDIÓ

atención. Has estado a punto de perder el mejor empleo que hayas tenido jamás. Afortunadamente, sólo has perdido la mitad. Quién sabe. La verdad es que me entran muchas dudas de, si en un par de años más, no lo pierdes todo. Lo siento si soy demasiado dura contigo en estos momentos.

—Lo estás siendo, sí.

—Respóndeme ahora a una cosa, José. ¿Cuál es el proyecto más importante que has tenido y el que más ilusión te ha hecho? No tengas prisa en responderme. Piénsalo muy bien.

José Andrés lo pensó un poco. No sabía hasta dónde quería llegar su mujer, así que contestó a lo primero que se le vino a la mente:

—Pues supongo que aquel de la empresa de productos y servicios ecológicos y medioambientales. Me hizo mucha ilusión. Era muy bueno y completo, pudo haber sido una gran oportunidad...

Calló inmediatamente. El semblante dolido de Miriam, asintiendo con sus palabras, le hizo ver la realidad, y de nuevo se sintió el más grande miserable en todo el planeta Tierra.

—Y entonces... ¿Qué somos Arturo y yo para ti, José? ¿Qué es este proyecto de familia que comenzaste y al que has dejado de prestar atención? Pues eso es lo que haces con el resto de las ideas y planes de empresa que has ido inventando. Te dije al principio, y lo he repetido miles de veces. No quiero hacer esto sola. Cuidar a nuestro hijo, mantener un hogar... No quería ser un ama de casa que espera a su marido todo el día. Que lo ve solo después del trabajo y que, para colmo, este apenas mira a su hijo.

Se levantó y alejándose un poco de él, lo miró fijamente.

—Lo repetí una y otra vez, pero parece que no escuchaste ni una sola palabra. Quisiste meterme en una de tus empresas. De acuerdo. Te seguí el juego porque pensé que sería buena idea para crear algo a tu lado. Pero ni siquiera eso ha podido ser. Pensabas, desarrollabas e ibas a ver locales sin mí. Si tenías alguna duda, me lo contabas, como a un último recurso. Como siempre, te aislaste, te elevaste entre tus nubes y pajaritos. No pude seguirte porque no querías que nadie te siguiera. Lo que planeamos al principio, lo olvidaste y seguiste caminando solo. Y lo peor de todo, es que no fuiste consciente de nada de esto que ahora te estoy diciendo. Para ti, todo esto es nuevo y ni por asomo lo sospechabas.

Un denso silencio pareció extenderse hasta el infinito. La angustia de saber que estaba llegando a uno de los peores momentos de su vida, se instaló en el pecho de José Andrés. No tenía nada que argumentar, no quiso ni pedir

EL EMPRENDEDOR QUE NUNCA EMPRENDIÓ

perdón. ¿Cómo podía disculparse de su propia naturaleza, si esta le venía dada? ¿Qué sentido tenía? No dijo nada, era lo mejor que podía hacer.

—Necesito tiempo José. Creo que he perdido mi fe en ti. Puede que el periodo de adaptación de Arturo me está llevando más tiempo del que pensaba. Puede que eso me haya cambiado y sea más exigente, no lo sé. Lo único que sé, es que esta no es la vida que quiero; ni para mí, ni para Arturo. No creo cambies nunca. Vives en un mundo paralelo que no te suelta ni te deja en paz. Estás dividido. Una parte de ti está en un universo alternativo que nunca termina de definirse; en el que pasas demasiado tiempo y por el que arriesgas demasiado. Y la otra mitad, está pensando en tonterías todo el tiempo, sin enfocarse en nada. Hasta este punto has llegado José. Al punto de perdernos a nosotros. El único proyecto que realmente merecía la pena y que te ha salido bien. ¿No lo puedes ver?

—Sí, Miriam... Pero, ¿qué puedo decir?

—Nada. Decir nada José Andrés. Ahora te toca hacer y actuar. Trabajar de verdad, enfocarte y no dispersarte. Valorar lo que realmente te importa e ir a por ello. Ahora si tendrás que enfocarte en el gran proyecto de tu vida y ejecutar todo lo que has aprendido en el camino para encontrar la manera de mejorarlo.

EL EMPRENDEDOR QUE NUNCA EMPRENDIÓ

Deberás reformularlo, hacerlo crecer, crear herramientas para que lo desarrolles y rinda al máximo. Además, deberás lograr que este proyecto sea divertido. Que cumpla una función positiva para el planeta. Deberás darle forma para que sea bueno y una ayuda para los demás...

—Te entiendo y de verdad que lo siento...

—Pues el proyecto está ahí y sigue esperándote, imbécil. Seguimos aquí, los dos. Esperando a que toques tierra y te des cuenta que existimos. Un proyecto que crece solo, sin que su gerente le de tareas para cumplir, cosas que aprender, momentos para recordar...

—Lo haré... Yo...

—No te creo. Cállate ahora. Arturo y yo nos iremos. Nos mudaremos a casa de mi hermana. Ya sabes. Vive sola y necesita ayuda en la tienda y en su casa. Nos repartiremos las tareas y estaremos bien. Mientras tanto aprovecha tu tiempo, idea un plan de marketing" para que vuelva a confiar en ti. Traza las líneas maestras que vas a seguir para poner en pie este proyecto de familia que se estaba cayendo a pedazos desde hace mucho, sin que te dieses cuenta. Si lo haces bien, puede que volvamos, y juntos comencemos a construir el futuro que creíamos que nos esperaba. Pero no cometas errores. Estaremos atentos a tus estrategias. Deberás cumplir con las leyes y normativas

EL EMPRENDEDOR QUE NUNCA EMPRENDIÓ

mínimamente exigibles; aprobadas por el consejo de dirección, que no es más que esta que te habla y el propio Arturo. Si querías proyectos de empresas, los vas a tener hasta para formar una familia.

Las maletas ya estaban preparadas; y Arturo, sin saber muy bien qué sucedía, abrazó a su padre, intuyendo una situación extraña, inusual e incómoda. José Andrés contemplaba, atado a la silla de la cocina por lazos invisibles de terror, cómo su mujer y su hijo se marchaban de casa. Dejó que el leve chasquido de la puerta al cerrarse, se metiera hasta lo más profundo de su garganta. Cerró el puño con fuerza, miró al vacío y dejó que las lágrimas buscaran la salida.

Al día siguiente llamó a su socio, refiriéndose a él de esa forma tan coloquial y tratando de ocultar la enorme carga que soportaba. Aunque no le dijese la verdad, tarde o temprano la descubriría y no encontraba mejor motivo para dejar de ir a trabajar un par de días. Confiaba en que sabría llevar los problemas por los que pasaba la gestoría mejor que él mismo. Pidió que le perdonara, pero debía meditar y contemplarse a sí mismo en la situación en la que se encontraba. Con profesional amistad, Emilio le correspondió pidiéndole que no se preocupara, que todo estaba bajo

EL EMPRENDEDOR QUE NUNCA EMPRENDIÓ

control y que, cuando volviera, estaría aún mejor que cuando lo dejó.

Agradecido, José Andrés se enfocó en solucionar su problema. Se sentó en su banca predilecta en el Parque de las Tres Culturas. Con una tablet y su libreta marrón, se puso a trabajar. Tenía ante sí el proyecto más importante de su vida en bancarrota. Debía hacer frente a esa situación y comprender los errores que había cometido y que lo habían hecho fracasar. Estudiaría las estadísticas y los datos que le informaría cuando inició el declive. El cómo y el por qué había llegado hasta este punto. Comenzaría a definir las estrategias de marketing más útiles para convencer a un único cliente: su mujer. Buscó en Internet y se informó sobre lo que famosos gurús y psicólogos de relaciones amorosas aconsejaban hacer en estos casos, qué pasos debía dar y cómo debía afrontar la nueva situación...

Sentado en el banco del parque más grande de la periferia de Toledo, a la sombra del viejo sicomoro; José Andrés comparaba analíticamente la mejor forma de recuperar un amor perdido como si se tratara de un proyecto empresarial más.

Después de hacer durante un largo rato lo que mejor sabía: analizando, apuntando y formulando listas... Se detuvo de golpe. Miró a su alrededor y a su lado. Hacia cada extremo del

EL EMPRENDEDOR QUE NUNCA EMPRENDIÓ

parque y hasta donde su campo de visión le permitía. Donde quiera que mirase, encontraba vida. Personas caminando, charlando, haciendo ejercicio... Gente siendo gente, avocadas de lleno a sus particulares y exclusivas. Todas, tan llenas de realidad. Una sensación de autenticidad le invadió. Contemplando lo verdadero, palpable y real. Sin ensoñaciones ni ideas. Sin futuro ni pasado. Solo el momento presente. Apagó el ordenador y dejó la libreta a un lado. Observó con más detenimiento la vida que se desenvolvía justo allí, frente a él. Se sintió pequeño; casi minúsculo. El muchacho que tiraba piedras al pequeño estanque. La niña que saltaba detrás de las pompas de jabón que su madre lanzaba al aire. La pareja de ciclistas que pedaleaban sin competir. La mujer bajo el árbol amamantando a su hija...

La verdad estaba allí mismo, rodeándolo y pudo sentirla en todo su esplendor. Era la primera vez que encontraba ese grado de conciencia de sí mismo. Entendió que, hasta ese momento no había estado realmente presente en ningún momento de su vida y mucho menos en los de su familia. Se había alejado de la realidad; dejando el piloto automático activo y convirtiéndose en un completo Zombie.

Observó de nuevo a la mujer con su bebé, que ahora acunaba en sus brazos y que parecía

EL EMPRENDEDOR QUE NUNCA EMPRENDIÓ

susurrarle una canción. No había visto nada más bello en toda su vida. Nunca solía ver cosas hermosas; solo datos y estrategias. No había dedicado tiempo a crear y disfrutar los pequeños momentos de intimidad junto a su familia. Momentos que se dilatan con el tiempo y se hacen verdaderamente importantes. No recordaba haber hecho cosas valiosas en su vida. Se pensaba a sí mismo como una máquina de hacer dinero. Como un recurso humano más, que podía ser utilizado por él mismo o por las manos de alguien más. Había dejado de lado todos sus sueños de emprendimiento por calcular demasiado todo. Por mirar todo como una herramienta para sus egoístas objetivos. Y lo peor. Había tratado a su familia de igual manera. Pero tenía una oportunidad para redimirse. Todo esto tenía que cambiar.

EL EMPRENDEDOR QUE NUNCA EMPRENDIÓ

15

A VECES, RESULTA SER MUY TARDE

Habían pasado poco más de diez años desde su despertar hacia una nueva vida. José Andrés miraba a su, ya no tan pequeño Arturo, que jugaba fútbol en el jardín con algunos vecinos. Estos le habían tomado cariño cuando venía a pasar las vacaciones de verano en casa.

Sospechaba que los chicos estaban solos todo el tiempo y que, de alguna forma, Arturo llenaba un poco su vacío. Los comprendía en cierto modo. El mismo estaba completamente solo en una gran casa que había comprado para recuperar a su mujer; pero que solo se llenaba de alegría en vacaciones, cuando su hijo adolescente la ocupaba.

Arturo siempre estaba contento al lado de su padre; en la casa que había equipado para que se sintiera cómodo al visitarlo. Como vivía con su madre en un pequeño apartamento a las afueras de la ciudad y con algunas limitaciones; compartiendo sus cosas con sus tres hermanastros, podía estar a sus anchas en la casa de Toledo.

José Andrés también era feliz en esos cortos periodos de tiempo. Arturo, aunque ya era un joven, siempre disfrutaba de los mimos de su padre y apreciaba todo lo que él le enseñaba. Ese chico había heredado la vena emprendedora que él mismo tenía, y al ver todas las comodidades que su padre había logrado obtener, no dudaba en lograrlo también algún día.

José Andrés siempre había intentado educarlo para que desarrollara en todo lo que le apasionara. Sacó lo mejor de sus padres: centrado y soñador. Y también heredó la astucia para los negocios.

Un día, en una casa de campo que José Andrés había adquirido en Layos, convenció a Jorge, su su hermanastro—que lo había acompañado en esas vacaciones— para que subiese a un árbol de melocotones y bajara todos los frutos maduros que pudiera alcanzar. El plan era vender los melocotones en las calles del y dividir las ganancias: 75% sería para Arturo, pues era el propietario de los arbolitos, y 25% para Jorge, la mano de obra.

José Andrés se acercó sigiloso, mientras trabajaban en la cosecha de melocotones y contempló la escena: Arturo, sentado en una

EL EMPRENDEDOR QUE NUNCA EMPRENDIÓ

roca, señalaba todos los frutos que debía coger, pues había investigado en Internet cual era el aspecto y características de olor y tacto de un melocotón maduro; así que, ya sabía cual sería la cosecha ideal. Desde su trono, animaba a Jorge diciéndole que, mientras más melocotones bajara, sus ganancias se dispararían.

Dicho y hecho. En la tarde de ese mismo día, los chicos regresaron con las cestas vacías y los bolsillos llenos de monedas. Jorge le agradeció a Arturo la oportunidad y le dijo que, al llegar a casa, debían implementar nuevas estrategias para ganar dinero y él le ayudaría en todo lo que necesitare.

Ahora, sentado en la terraza, mirando a su hijo, se sintió orgulloso de que sus sueños aún vivieran en Arturo y que este hubiese heredado una determinación que a él siempre le faltó. Haría todo lo que estuviese a su alcance para apoyar sus sueños; pero, como siempre le decía en esas charlas aburridas de "padre e hijo", no debía iniciar un proyecto sin haber terminado el anterior; o al menos, cerrándolo con números verdes.

José Andrés se regodeaba de su hijo en todas las reuniones sociales. Sus colegas y clientes solían preguntarle si Arturo seguiría sus pasos y se haría cargo de la gestoría. Pero él aseguraba que no. Su hijo no estaba interesado en trabajos de oficina. Había logrado, aún sin

EL EMPRENDEDOR QUE NUNCA EMPRENDIÓ

llegar a la mayoría de edad, facturar mensualmente una buena cantidad de euros con una tienda virtual de scooters y bicicletas.

—Ya saben. Con todo eso de la vida sostenible, muchas personas están abandonando sus autos y tomando esos vehículos alternativos. Mi hijo vio la oportunidad, me la presentó en un folder tan grueso como la biblia. Después de crear la página web, con la asesoría de un viejo amigo informático, contacté los proveedores que necesitaría para arrancar. Hasta los momentos, ha obtenido resultados excelentes y seguirá así por un largo tiempo; pues está ahorrando para su universidad. Quiere estudiar en el exterior, pero no permite que yo le pague todo. Quiere valerse por sí mismo y viajar por el mundo, llevando sus ideas de negocio a donde quieran acogerlas.

—Tu hijo es un verdadero soñador esforzado— le comentan muchas amistades de su círculo empresarial—. El mío lo que hace es comer y dormir todo el día. ¡Ya no se que hacer!

José Andrés sentía orgullo. Veía en Arturo todos sus sueños cumplidos. Desde el día que Miriam se fue de casa, intentó todo por recupe-rarla de nuevo. Buscó en su ordenador las contraseñas para ingresar a su antigua página de la gestoría online que había querido crear y, du-plicándola con un plugin de WordPress, la instaló en la página web de

EL EMPRENDEDOR QUE NUNCA EMPRENDIÓ

Sandoval y Asociados. La perfeccionó y se encargó de modernizar la firma, mientras su socio, Garmendia, recuperaba las relaciones con los clientes antiguos. La gestoría virtual dio buenos resultados y la firma creció poco a poco, con la entrada de nuevos clientes y compañías de tecnología que estaban arrancando en el mercado de Toledo. Ampliaron las oficinas, adquirieron nuevos espacios y crearon otros departamentos de asesoría; de modo que sus clientes encontraran todo allí, sin tener que contactar otras empresas. Se incrementaron las ganancias y todos pudieron disfrutar de ellas. La visión que Emilio y José Andrés tenían sobre una firma innovadora y cooperativa pudo hacerse realidad; logrando que Alfredo quedara encantado y les cediera a los dos, las riendas de la firma.

—Ya estoy viejo. Quédense con eso pues lo han trabajado mucho— comentó el tío con una carcajada que apestaba al bourbon más costoso que alguien pudiese comprar—. Lo que hicieron con la firma no es mi estilo. Pero si funcionó, ¡Adelante!

Desde ese momento, la vida de José Andrés tomó un giro inesperado. Trabajar al lado de Garmendia fue de mucho aprendizaje para él. Ya podía afrontar de mejor manera, situaciones que creía demasiado difíciles y, al hacer ese

EL EMPRENDEDOR QUE NUNCA EMPRENDIÓ

peculiar equipo, podía enfocarse en áreas que realmente le gustaran.

Al poco tiempo, José Andrés tuvo recursos suficientes para comprar una linda casa, con un patio gigante donde Miriam tomaría el sol; mientras Arturo jugaría en la piscina, preparándose para sus próximas vacaciones en Málaga. Adquirió también una finca hermosa. Quería que su esposa, su hijo y él, viajaran cada fin de semana y descansaran de toda la rutina de ciudad. La casa de campo tenía algunas cabañas aparte; pues José Andrés pensó que Miriam querría hacer algo propio para mantenerse activa y podría alquilar esas cabañas en vacaciones y fines de semana, para viajeros que desearan visitar el embalse del Guarajaz o turistas que quisieran jugar en los campos de golf de Layos.

Eran momentos hermosos que José Andrés se imaginaba cumpliendo con Miriam y Arturo. Ahora que estaba logrando mucho en la firma, podría darle a su familia la vida que siempre desearon y también, incontables y preciados momentos que recordarían juntos.

Pero eso nunca sucedió. Desde que Miriam se fue, el no dejó de insistirle para que regresara. Nunca dejó de ir a verla a casa de su hermana y tampoco desistió de sus esfuerzos por terminar lo que había comenzado en la gestoría. Luchó sin cansancio por ella, por Arturo,

EL EMPRENDEDOR QUE NUNCA EMPRENDIÓ

por su familia. Guardó en una caja todas sus libretas marrones y se olvidó de sus sueños de emprendimiento, para quedarse con la vida que Miriam soñaba. Pero ella nunca regresó a sus brazos. Le dijo que estaba muy bien lo que hacía. Que se alegraba porque ahora si estaba desarrollando su potencial. Pero que ella ya no quería seguir. Colocó mil peros. Excusas sin sentido que solo alguien acostumbrado a ellas —como José Andrés— podría percibir.

Y en cierto momento, por un comentario de Arturo, se dio cuenta de que, simplemente había alguien más en la vida de Miriam. Que ya no existía un camino de regreso hacia el hogar que juntos habían iniciado. A pesar de eso, José Andrés siguió esperándola. Haciendo lo necesario para recuperarla. Día tras día, cuando la amargura llegaba a su mente y caminaba por la gran casa vacía, en búsqueda de un calor que no encontraría, se arrepentía por haber puesto por encima de sí mismo a esa condenada mujer que le había destrozado por completo el alma.

Olvidaba que, la falta de determinación para alcanzar sus sueños era su culpa, y se la cargaba solo a sus ansias por complacer a su esposa. En esos días oscuros, la pequeña barra y el alcohol eran sus únicos compañeros; y si se mantenía vivo y cuerdo, era porque Arturo lo admiraba y lo quería de verdad.

EL EMPRENDEDOR QUE NUNCA EMPRENDIÓ

Arturo era su viva imagen, nacido con el mismo destino de José Andrés. Lo veía sobre él, como un aura brillante que le traía buenas ideas y, lo mejor de todo, es que las desarrollaba; pues contaba con el respaldo y consejo de su padre. Él era la única luz que podía iluminarle y calentarle en la fría soledad a la que se había aferrado. Una noche sin fin que solo se detenía temporalmente cuando debía ir a trabajar, en las reuniones y cenas de negocios o cuando el insomnio y las pesadillas por fin lo soltaban.

Se había determinado a aprovechar cada momento al lado de su hijo. Le había obsequiado todas sus libretas marrones y sus conocimientos de negocios; datos que Arturo absorbía encantado y admirado de que su papá supiese tanto sobre como hacer dinero. Su relación era cercana, porque a diferencia de muchos padres, que se muestran duros e infranqueables ante sus hijos, José Andrés se había sincerado con Arturo en todo momento.

Le contó sobre todos sus fracasos y la verdad sobre sus errores. Aunque al principio, tenía miedo de perder su admiración, estas verdades hicieron que su hijo le comprendiera y prometiera que seguiría su ejemplo. Que todos los negocios que se le ocurrieran, los llevaría a cabo y, de ser posible, retomaría algunos de los proyectos abandonados que

EL EMPRENDEDOR QUE NUNCA EMPRENDIÓ

estaban registrados en sus preciadas libretas marrones. Excepto el de la gestoría. Porque Arturo quería vivir en libertad y no atado a un viejo escritorio de madera con olor rancio.

Sentado en esa terraza, viendo como su hijo y sus vecinos jugaban; José Andrés se dio la oportunidad de volver a ser un poco Zombie; rememorando el pasado y maquinando el futuro. Pero ya no para él. Pues su destino ya había pasado y sus elecciones lo habían llevado muy lejos de un camino con el que pudiese regresar. Él ya no tenía remedio. Estaba solo. Por eso, este nuevo futuro que crearía, sería todo para su hijo. Un hijo que no quería tomar casi nada de él. Que le gustaba hacer las cosas por si mismo y saborear la satisfacción de un sueño cumplido. Un hijo al que José Andrés era capaz de abrirle las puertas del cielo para que entrara y le vendiera sus scooters a San Pedro. Un hijo que quería irse a conocer el mundo y todas sus culturas, sin saber que era la única luz de su padre y que al irse, lo dejaría completamente solo, mientras se lanzaba hacia una búsqueda que nunca tendría final.

José Andrés ya estaba consciente de eso y se estaba preparando para quedarse en completa oscuridad. Sabía que podría estar cerca de él, gracias a la tecnología; pero también, sabría que Arturo dejaría de ser un niño y que tomaría un camino que lo llevaría lejos de su padre.

EL EMPRENDEDOR QUE NUNCA EMPRENDIÓ

En esa terraza. En ese momento, se arrepintió una vez más de haber dejado pasar el tiempo, cuando realmente los minutos valían. Perdió a su amada y su brillante vida, sí. Perdió todas las oportunidades de tomar en las manos su destino, también. Pero al menos, vería en Arturo, durante el resto de vida que le quedara, a ese brillante emprendedor que lograría cambiar el mundo; aunque sea solo un poco. Es cierto que a veces, resulta ser demasiado tarde para algunos. O simplemente, las personas solo quieren aferrarse a sueños incompletos e imaginaciones vagas; sin ponerse en camino para cumplirlos.

José Andrés, el emprendedor que nunca emprendió y que abandonó todo por mil excusas, fue también abandonado por su destino. Un destino que, como una bella virgen, se cansó de esperar el regreso de su amado y abandonó a quien no la valoró en búsqueda de otro afortunado.

¿Que siempre hay tiempo para emprender? Eso solo dependerá de ti. Pero no esperes a que sea demasiado tarde, y tu destino, al igual que a José Andrés, también se te escape de las manos.

EL EMPRENDEDOR QUE NUNCA EMPRENDIÓ

SANTIAGO
Ricci

Santiago Ricci es un emprendedor que, habiéndose formado profesionalmente como informático, encontró en el mundo de los negocios su verdadera pasión. Siguiendo fielmente un sistema y estilo personal de aprendizaje a base del error, se mantiene firme ante cualquier adversidad y no se doblega ante el fracaso. Esto ha hecho que muchas organizaciones y emprendedores independientes recurran a él en búsqueda de dar un giro de 360° a sus modelos empresariales con la asesoría que puede brindarles. Actualmente, se desempeña como CEO de Ricci Investments inc. y sus filiales; con una dilatada experiencia, firmeza en sus convicciones de emprendimiento y su rol como impulsor de ideas de negocio innovadoras.

Manufactured by Amazon.ca
Bolton, ON

32222614R00103